निराला

लम्बी कविताएँ

सूर्यकान्त त्रिपाठी निराला

प्रभाकर प्रकाशन

ISBN: 978-93-90963-68-3
eISBN: 978-93-90963-76-8

प्रकाशक: प्रभाकर प्रकाशन
प्लॉट नं.-55, मेन मदर डेयरी रोड
पांडव नगर, ईस्ट दिल्ली-110092
फोन: 011-40395855
व्हाट्स ऐप: +91 8368220032
ई-मेल: sales@pharosbooks.in
वेबसाइट: www.prabhakarprakashan.com
संस्करण: 2022

लम्बी कविताएँ
सूर्यकान्त त्रिपाठी 'निराला'

प्रकाशकीय

हिंदी साहित्य में सूर्यकान्त त्रिपाठी 'निराला' एक ऐसे साहित्यकार रहे हैं जिन्होंने खुद को, बरसों से चली आ रही साहित्य की परिपाटी के प्रवाह में बहने नहीं दिया बल्कि वे हमारे सामने युग निर्माण की प्रक्रिया में एक महत्त्वपूर्ण भूमिका अदा करने के रूप में प्रस्तुत हुए। निराला का जीवन सतत् संघर्षों के घिराव में गुज़रा, लेकिन इस संघर्ष ने उनके साहित्य की क्रांति को प्रतिबद्ध नहीं किया। बावजूद इसके, इनके साहित्य ने चेतना एवं सामर्थ्यता के साथ नूतन परिवेश का आविर्भाव किया। इस पुस्तक को पाठक के बीच लाने का हमारा उद्देश्य ही निराला की महत्ता को समझने से है। उम्मीद है हमारा यह संकलन आपको पसंद आयेगा।

विषय सूची

1. राम की शक्ति-पूजा 6
2. कुकुरमुत्ता 17
3. सरोज-स्मृति 31
4. तुलसीदास 42
5. महाराज शिवाजी का पत्र 68
6. यमुना के प्रति 83
7. पंचवटी प्रसंग 95
8. स्वामी प्रेमानन्दजी महाराज 111
9. बादल राग 130

निराला
लम्बी कविताएँ

राम की शक्ति-पूजा

रवि हुआ अस्त: ज्योति के पत्र पर लिखा अमर
रह गया राम-रावण का अपराजेय समर
आज का, तीक्ष्ण-शर-विधृत-क्षिप्र-कर, वेग-प्रखर,
शतशेलसम्वरणशील, नीलनभ-गर्ज्जित-स्वर
प्रतिपल-परिवर्तित-व्यूह-भेद-कौशल-समूह,-
राक्षस-विरुद्ध प्रत्यूह,-क्रुद्ध-कपि-विषम-हूह,
विच्छुरितवह्नि-राजीवनयन-हत-लक्ष्य-बाण,
लोहितलोचन-रावण-मदमोचन-महीयान,
राघव-लाघव-रावण-वारण-गत-युग्म-प्रहर,
उद्धत-लंकापति-मर्द्दित-कपि-दल-बल-विस्तर,
अनिमेष-राम-विश्वजिद्दिव्य-शर-भङ्ग-भाव,-
विद्धाङ्ग-बद्ध-कोदण्ड-मुष्टि-खर-रुधिर-स्राव,
रावण-प्रहार-दुर्वार-विकल-वानर दल-बल,-
मूर्च्छित-सुग्रीवाङ्गद-भीषण-गवाक्ष-गय-नल,-
वारित-सौमित्र-भल्लपति-अगणित-मल्ल-रोध,
गर्ज्जित-प्रलयाब्धि-क्षुब्ध-हनुमत्-केवल-प्रबोध,
उद्गीरित-वह्नि-भीम-पर्वत-कपि-चतुः प्रहर,-
जानकी-भीरु-उर-आशाभर,-रावण-सम्वर।

लौटे युग-दल। राक्षस-पदतल पृथ्वी टलमल,
बिंध महोल्लास से बार-बार आकाश विकल।
बानर-वाहिनी खिन्न, लख निज-पति-चरण-चिह्न

चल रही शिविर की ओर स्थविर-दल ज्यों विभिन्न;
प्रशमित है वातावरण; नमित-मुख सान्ध्य कमल
लक्ष्मण चिन्ता-पल, पीछे वानर-वीर सकल;
रघुनायक आगे अवनी पर नवनीत-चरण,
श्लथ धनु-गुण है, कटिबन्ध स्रस्त-तूणीर-धरण,
दृढ़ जटा-मुकुट हो विपर्यस्त प्रतिलट से खुल
फैला पृष्ठ पर, बाहुओं पर, वक्ष पर, विपुल
उतरा ज्यों दुर्गम पर्वत पर नैशान्धकार,
चमकतीं दूर ताराएँ ज्यों हो कहीं पार।

आये सब शिविर, सानु पर पर्वत के, मन्थर,
सुग्रीव, विभीषण, जाम्बवान आदिक वानर,
सेनापति दल-विशेष के, अंगद, हनुमान
नल, नील, गवाक्ष, प्रात के रण का समाधान
करने के लिए, फेर वानर-दल आश्रय-स्थल।
बैठे रघु-कुल-मणि श्वेत शिला पर; निर्मल जल
ले आये कर-पद-क्षालनार्थ पटु हनुमान;
अन्य वीर सर के गये तीर सन्ध्या-विधान-
वन्दना ईश की करने को, लौटे सत्वर,
सब घेर राम को बैठे आज्ञा को तत्पर;
पीछे लक्ष्मण, सामने विभीषण, भल्लधीर,
सुग्रीव, प्रान्त पर पाद-पद्म के, महावीर;
यूथपति अन्य जो, यथास्थान, हो निर्निमेष
देखते राम का जित-सरोज-मुख-श्याम-देश।

है अमानिशा; उगलता गगन घन अन्धकार;
खो रहा दिशा का ज्ञान; स्तब्ध है पवन-चार;
अप्रतिहत गरज रहा पीछे अम्बुधि विशाल;
भूधर ज्यों ध्यान-मग्न; केवल जलती मशाल।
स्थिर राघवेन्द्र को हिला रहा फिर-फिर संशय,
रह-रह उठता जग जीवन में रावण-जय-भय;
जो नहीं हुआ आज तक हृदय रिपु-दम्य-श्रान्त,-

एक भी, अयुत-लक्ष में रहा जो दुराक्रान्त,
कल लड़ने को हो रहा विकल वह बार-बार,
असमर्थ मानता मन उद्यत हो हार-हार;
ऐसे क्षण अन्धकार घन में जैसे विद्युत
जागी पृथ्वी-तनया-कुमारिका-छवि, अच्युत
देखते हुए निष्पलक, याद आया उपवन
विदेह का,-प्रथम स्नेह का लतान्तराल मिलन
नयनों का-नयनों से गोपन-प्रिय सम्भाषण,-
पलकों का नव पलकों पर प्रथमोत्थान-पतन,-
काँपते हुए किसलय,-झरते पराग-समुदय,-
गाते खग-नव-जीवन-परिचय-तरु मलय-वलय,-
ज्योतिःप्रपात स्वर्गीय,-ज्ञात छवि प्रथम स्वीय,-
जानकी-नयन-कमनीय प्रथम कम्पन तुरीय।
सिहरा तन, क्षण-भर भूला मन, लहरा समस्त,
हर धनुर्भंग को पुनर्वार ज्यों उठा हस्त,
फूटी स्मिति सीता-ध्यान-लीन राम के अधर,
फिर विश्व-विजय-भावना हृदय में आयी भर,
वे आये याद दिव्य शर अगणित मन्त्रपूत,-
फड़का पर नभ को उड़े सकल ज्यों देवदूत,
देखते राम, जल रहे शलभ ज्यों रजनीचर,
ताड़का, सुबाहु, विराध, शिरस्त्रय, दूषण, खर;
फिर देखी भीमा मूर्ति आज रण देखी जो
आच्छादित किये हुए सम्मुख समग्र नभ को,
ज्योतिर्मय अस्त्र सकल बुझ-बुझकर हुए क्षीण,
पा महानिलय उस तन में क्षण में हुए लीन;
लख शंकाकुल हो गये अतुल-बल शेष-शयन,-
खिंचे गये दृगों में सीता के राममय नयन;
फिर सुना-हँस रहा अट्टहास रावण खलखल,
भावित नयनों से सजल गिरे दो मुक्ता-दल।

बैठे मारुति देखते राम-चरणारविन्द-
युग 'अस्ति-नास्ति' के एक-रूप, गुण-गण-अनिन्द्य;

साधना-मध्य भी साम्य-वाम-कर दक्षिण-पद,
दक्षिण-कर-तल पर वाम चरण, कपिवर गद्‌गद
पा सत्य, सच्चिदानन्दरूप, विश्राम-धाम,
जपते सभक्ति अजपा विभक्त हो राम-नाम।
युग चरणों पर आ पड़े अस्तु वे अश्रु युगल,
देखा कपि ने, चमके नभ में ज्यों तारादल;-
ये नहीं चरण राम के, बने श्यामा के शुभ,-
सोहते मध्य में हीरक युग या दो कौस्तुभ;
टूटा वह तार ध्यान का, स्थिर मन हुआ विकल,
सन्दिग्ध भाव की उठी दृष्टि, देखा अविकल
बैठे वे वही कमल-लोचन, पर सजल नयन,
व्याकुल-व्याकुल कुछ चिर-प्रफुल्ल मुख, निश्चेतन।
"ये अश्रु राम के" आते ही मन में विचार,
उद्वेल हो उठा शक्ति-खेल-सागर अपार,
हो श्वसित पवन-उनचास, पिता-पक्ष से तुमुल
एकत्र वक्ष पर बहा वाष्प को उड़ा अतुल,
शत घूर्णावर्त, तरंग-भंग उठते पहाड़,
जल राशि-राशि जल पर चढ़ता खाता पछाड़,
तोड़ता बन्ध-प्रतिसन्ध धरा, हो स्फीत-वक्ष
दिग्विजय-अर्थ प्रतिपल समर्थ बढ़ता समक्ष।
शत-वायु-वेग-बल, डुबा अतल में देश-भाव,
जलराशि विपुल मथ मिला अनिल में महाराव
वज्रांग तेजघन बना पवन को, महाकाश
पहुँचा, एकादशरुद्र क्षुब्ध कर अट्टहास।
रावण-महिमा श्यामा विभावरी अन्धकार,
यह रुद्र राम-पूजन-प्रताप तेज:प्रसार;
उस ओर शक्ति शिव की जो दशस्कन्ध-पूजित,
इस ओर रुद्र-वन्दन जो रघुनन्दन-कूजित;
करने को ग्रस्त समस्त व्योम कपि बढ़ा अटल,
लख महानाश शिव अचल हुए क्षण-भर चंचल,
श्यामा के पदतल भारधरण हर मन्द्रस्वर
बोले- "सम्बरो देवि, निज तेज, नहीं वानर
यह,-नहीं हुआ शृंगार-युग्म-गत, महावीर,

अर्चना राम की मूर्तिमान अक्षय-शरीर,
चिर-ब्रह्मचर्य-रत, ये एकादश रुद्र धन्य,
मर्यादा-पुरुषोत्तम के सर्वोत्तम, अनन्य,
लीलासहचर, दिव्यभावधर, इन पर प्रहार
करने पर होगी देवि, तुम्हारी विषम हार;
विद्या का ले आश्रय इस मन को दो प्रबोध,
झुक जायेगा कपि, निश्चय होगा दूर रोध।"

कह हुए मौन शिव; पवन-तनय में भर विस्मय
सहसा नभ में अंजना-रूप का हुआ उदय;
बोली माता-"तुमने रवि को जब लिया निगल
तब नहीं बोध था तुम्हें, रहे बालक केवल;
यह वही भाव कर रहा तुम्हें व्याकुल रह-रह,
यह लज्जा की है बात कि माँ रहती सह-सह;
यह महाकाश, है जहाँ वास शिव का निर्मल-
पूजते जिन्हें श्रीराम, उसे ग्रसने को चल
क्या नहीं कर रहे तुम अनर्थ?-सोचो मन में;
क्या दी आज्ञा ऐसी कुछ श्रीरघुनन्दन ने?
तुम सेवक हो, छोड़कर धर्म कर रहे कार्य-
क्या असम्भाव्य हो यह राघव के लिए धार्य?"
कपि हुए नम्र, क्षण में माताछवि हुई लीन,
उतरे धीरे-धीरे, गह प्रभु-पद हुए दीन।

राम का विषण्णानन देखते हुए कुछ क्षण,
"हे सखा", विभीषण बोले, "आज प्रसन्न वदन
वह नहीं, देखकर जिसे समग्र वीर वानर-
भल्लूक विगत-श्रम हो पाते जीवन-निर्जर;
रघुवीर, तीर सब वही तूण में हैं रक्षित,
है वही वक्ष, रण-कुशल हस्त, बल वही अमित;
हैं वही सुमित्रानन्दन मेघनाद-जित-रण,
हैं वही भल्लपति, वानरेन्द्र सुग्रीव प्रमन,
तारा-कुमार भी वही महाबल श्वेत धीर,

अप्रतिभट वही, एक-अर्बुद-सम, महावीर,
है वही दक्ष सेना-नायक, है वही समर,
फिर कैसे असमय हुआ उदय यह भाव-प्रहर?
रघुकुल गौरव, लघु हुए जा रहे तुम इस क्षण,
तुम फेर रहे हो पीठ हो रहा जब जय रण!
कितना श्रम हुआ व्यर्थ! आया जब मिलन-समय,
तुम खींच रहे हो हस्त जानकी से निर्दय!
रावण, रावण, लम्पट, खल, कल्मष-गताचार,
जिसने हित कहते किया मुझे पाद-प्रहार,
बैठा वैभव में देगा दुख सीता को फिर,-
कहता रण की जय-कथा परिषद-दल से घिर;-
सुनता वसन्त में उपवन में कल-कूजित पिक
मैं बना किन्तु लंकापति, धिक्, राघव, धिक्-धिक्!"

सब सभा रही निस्तब्धः राम के स्तिमित नयन
छोड़ते हुए, शीतल प्रकाश देखते विमन
जैसे ओजस्वी शब्दों का जो था प्रभाव
उसमें न इन्हें कुछ चाव, न हो कोई दुराव;
ज्यों हों वे शब्द मात्र,-मैत्री की समनुरक्ति,
पर जहाँ गहन भाव के ग्रहण की नहीं शक्ति।
कुज क्षण तक रहकर मौन सहज निज कोमल स्वर
बोले रघुमणि-"मित्रवर, विजय होगी न समर;
यही नहीं रहा नर-वानर का राक्षस में रण,
उतरीं पा महाशक्ति रावण से आमन्त्रण;
अन्याय जिधर, हैं उधर शक्ति!" कहते छल-छल
हो गये नयन, कुछ बूँद पुनः ढलके दृगजल,
रुक गया कण्ठ, चमका लक्ष्मण-तेजः प्रचण्ड,
धँस गया धरा में कपि गह युग पद मसक दण्ड,
स्थिर जाम्बवान,-समझते हुए ज्यों सकल भाव,
व्याकुल सुग्रीव,-हुआ उर में ज्यों विषम घाव,
निश्चित-सा करते हुए विभीषण कार्य-क्रम,
मौन में रहा यों स्पन्दित वातावरण विषम।

निज सहज रूप में संयत हो जानकी-प्राण
बोले- "आया न समझ में यह दैवी विधान;
रावण, अधर्मरत भी, अपना, मैं हुआ अपर-
यह रहा शक्ति का खेल समर, शंकर, शंकर!
करता मैं योजित बार-बार शर-निकर निशित
हो सकती जिनसे यह संसृति सम्पूर्ण विजित,
जो तेज:पुंज, सृष्टि की रक्षा का विचार
है जिनमें निहित पतनघातक संस्कृति अपार-
शत-शुद्धि-बोध-सूक्ष्मातिसूक्ष्म मन का विवेक,
जिनमें है क्षात्रधर्म का धृत पूर्णाभिषेक,
जो हुए प्रजापतियों से संयम से रक्षित,
वे शर हो गये आज रण में श्रीहत, खण्डित!
देखा, हैं महाशक्ति रावण को लिये अंक,
लांछन को ले जैसे शशांक नभ में अशंक
हत मन्त्रपूत शर संवृत करतीं बार-बार,
निष्फल होते लक्ष्य पर क्षिप्र वार पर वार!
विचलित लख कपिदल, क्रुद्ध युद्ध को मैं ज्यों-ज्यों,
झक-झक झलकती वह्नि वामा के दृग त्यों-त्यों;
पश्चात् देखने लगीं मुझे, बँध गये हस्त,
फिर खिंचा न धनु, मुक्त ज्यों बँधा मैं हुआ त्रस्त!"
कह हुए भानुकुलभूषण वहाँ मौन क्षण-भर,
बोले विश्वस्त कण्ठ से जाम्बवान-"रघुवर,
विचलित होने का नहीं देखता मैं कारण,
हे पुरुष-सिंह, तुम भी यह शक्ति करो धारण,
आराधन का दृढ़ आराधन से दो उत्तर,
तुम वरो विजय संयत प्राणों से प्राणों पर;
रावण अशुद्ध होकर भी यदि कर सका त्रस्त
तो निश्चय तुम हो सिद्ध करोगे उसे ध्वस्त;
शक्ति की करो मौलिक कल्पना, करो पूजन,
छोड़ दो समर जब तक न सिद्धि हो, रघुनन्दन!
तब तक लक्ष्मण हैं महावाहिनी के नायक
मध्य भाग में, अंगद दक्षिण-श्वेत सहायक,

मैं भल्ल-सैन्य; हैं वाम पार्श्व में हनुमान,
नल, नील और छोटे कपिगण-उनके प्रधान;
सुग्रीव, विभीषण, अन्य यूथपति यथासमय
आयेंगे रक्षाहेतु जहाँ भी होगा भय।"

खिल गयी सभा। "उत्तम निश्चय यह, भल्लनाथ!"
कह दिया वृद्ध को मान राम ने झुका माथ।
हो गये ध्यान में लीन पुनः करते विचार,
देखते सकल-तन पुलकित होता बार-बार।
कुछ समय अनन्तर इन्दीवर निन्दित लोचन
खुल गये, रहा निष्पलक भाव में मज्जित मन।
बोले आवेग-रहित स्वर से विश्वास-स्थित-
"मातः, दशभुजा, विश्व-ज्योतिः, मैं हूँ आश्रित;
हो विद्ध शक्ति से है खल महिषासुर मर्दित,
जनरंजन-चरण-कमल-तल, धन्य सिंह गर्ज्जित!
यह, यह मेरा प्रतीक, मातः, समझा इंगित;
मैं सिंह, इसी भाव से करूँगा अभिनन्दित।"
कुछ समय स्तब्ध हो रहे राम छवि में निमग्न,
फिर खोले पलक कमल-ज्योतिर्दल ध्यान-लग्न;
हैं देख रहे मन्त्री, सेनापति, वीरासन
बैठे उमड़ते हुए, राघव का स्मित आनन।
बोले भावस्थ चन्द्र-मुख-निन्दित रामचन्द्र,
प्राणों में पावन कम्पन भर, स्वर मेघमन्द्र-
"देखो, बन्धुवर सामने स्थित जो यह भूधर
शोभित शत-हरित-गुल्म-तृण से श्यामल सुन्दर,
पार्वती कल्पना हैं इसकी, मकरन्द-विन्दु;
गरजता चरण-प्रान्त पर सिंह वह, नहीं सिन्धु;
दशदिक-समस्त हैं हस्त, और देखो ऊपर,
अम्बर में हुए दिगम्बर अर्चित शशि-शेखर;
लख महाभाव-मंगल पदतल धँस रहा गर्व-
मानव के मन का असुर मन्द, हो रहा खर्व।"
फिर मधुर दृष्टि से प्रिय कपि को खींचते हुए

बोले प्रियतर स्वर से अन्तर सींचते हुए-
"चाहिये हमें एक सौ आठ, कपि, इन्दीवर,
कम-से-कम, अधिक और हों, अधिक और सुन्दर,
जाओ देवीदह, उषःकाल होते सत्वर,
तोड़ो, लाओ वे कमल, लौटकर लड़ो समर।"
अवगत हो जाम्बवान से पथ, दूरत्व, स्थान,
प्रभु-पद-रज सिर धर चले हर्ष भर हनुमान।
राघव ने विदा किया सबको जानकर समय,
सब चले सदय राम की सोचते हुए विजय।

निशि हुई विगतः नभ के ललाट पर प्रथम किरण
फूटी, रघुनन्दन के दृग महिमा-ज्योति-हिरण;
है नहीं शरासन आज हस्त-तूणीर स्कन्ध,
वह नहीं सोहता निविड़-जटा-दृढ़ मुकुट बन्ध;
सुन पड़ता सिंहनाद-रण-कोलाहल अपार,
उमड़ता नहीं मन, स्तब्ध सुधी हैं ध्यान धार;
पूजोपरान्त जपते दुर्गा, दशभुजा नाम,
मन करते हुए मनन नामों के गुणग्राम;
बीता वह दिवस, हुआ मन स्थिर इष्ट के चरण,
गहन से गहनतर होने लगा समाराधन।
क्रम-क्रम से हुए पार राघव के पंच दिवस,
चक्र से चक्र मन चढ़ता गया ऊर्ध्व निरलस;
कर-जप पूरा कर एक चढ़ाते इन्दीवर,
निज पुरश्चरण इस भाँति रहे हैं पूरा कर।
चढ़ षष्ठ दिवस आज्ञा पर हुआ समाहित मन,
प्रति जप से खिंच-खिंच होने लगा महाकर्षण;
संचित त्रिकुटी पर ध्यान द्विदल देवी-पद पर,
जप के स्वर लगा काँपने थर-थर-थर अम्बर;
दो दिन निष्पन्द एक आसन पर रहे राम,
अर्पित करते इन्दीवर, जपते हुए नाम;
आठवाँ दिवस, मन ध्यान-युक्त चढ़ता ऊपर
कर गया अतिक्रम ब्रह्म-हरि-शंकर का स्तर,
हो गया विजित ब्रह्माण्ड पूर्ण, देवता स्तब्ध,

हो गये दग्ध जीवन के तप के समारब्ध,
रह गया एक इन्दीवर, मन देखता-पार
प्राय: करने को हुआ दुर्ग जो सहस्रार,
द्विप्रहर रात्रि, साकार हुई दुर्गा छिपकर,
हँस उठा ले गयीं पूजा का प्रिय इन्दीवर।
यह अन्तिम जप, ध्यान में देखते चरण युगल
राम ने बढ़ाया कर लेने को नील कमल;
कुछ लगा न हाथ, हुआ सहसा स्थिर मन चंचल
ध्यान की भूमि से उतरे, खोले पलक विमल,
देखा, वह रिक्त स्थान, यह जप का पूर्ण समय
आसन छोड़ना असिद्धि, भर गये नयनद्वय:-
"धिक् जीवन को जो पाता ही आया विरोध,
धिक् साधन, जिसके लिए सदा ही किया शोध!
जानकी! हाय, उद्धार प्रिया का न हो सका।"
वह एक और मन रहा राम का जो न थका;
जो नहीं जानता दैन्य, नहीं जानता विनय
कर गया भेद वह मायावरण प्राप्त कर जय,
बुद्धि के दुर्ग पहुँचा विद्युत-गति, हतचेतन
राम में जगी स्मृति, हुए सजग पा भाव प्रमन।
"यह है उपाय" कह उठे राम ज्यों मन्द्रित घन
"कहती थीं माता मुझे सदा राजीवनयन!
दो नील कमल हैं शेष अभी, यह पुरश्चरण
पूरा करता हूँ देकर मात: एक नयन।"
कहकर देखा तूणीर ब्रह्मशर रहा झलक,
ले लिया हस्त, लक-लक करता वह महाफलक;
ले अस्त्र वाम कर, दक्षिण कर दक्षिण लोचन
ले अर्पित करने को उद्यत हो गये सुमन।
जिस क्षण बँध गया बेधने को दृग दृढ़ निश्चय,
काँपा ब्रह्माण्ड, हुआ देवी का त्वरित उदय:-

"साधु साधु, साधक धीर, धर्म-धन धन्य राम!"
कह लिया भगवती ने राघव का हस्त थाम।

देखा राम ने–सामने श्री दुर्गा, भास्वर
वाम पद असुर–स्कन्ध पर, रहा दक्षिण हरि पर;
ज्योतिर्मय रूप, हस्त दश विविध–अस्त्र–सज्जित,
मन्द स्मित मुख, लख हुई विश्व की श्री लज्जित,
हैं दक्षिण में लक्ष्मी, सरस्वती वाम भाग,
दक्षिण गणेश, कार्तिक बाँयें रण–रंग राग,
मस्तक पर शंकर। पदपद्मों पर श्रद्धाभर
श्री राघव हुए प्रणत मन्दस्वर वन्दन कर।
"होगी जय, होगी जय, हे पुरुषोत्तम नवीन!"
कह महाशक्ति राम के बदन में हुई लीन।

❒

कुकुरमुत्ता

[1]

एक थे नव्वाब,
फ़ारस से मँगाये थे गुलाब।
बड़ी बाड़ी में लगाये
देशी पौधे भी उगाये
रखे माली कई नौकर
ग़ज़नवी का बाग़ मनहर
लग रहा था।
एक सपना जग रहा था
साँस पर तहजीब की,
गोद पर तरतीब की।
क्यारियाँ सुन्दर बनी
चमन में फैली घनी।
फूलों के पौधे वहाँ
लग रहे थे ख़ुशनुमा।
बेला, गुलशब्बो, चमेली, कामिनी,
जुही, नरगिस, रातरानी, कमलिनी,
चम्पा, गुलमेंहदी, गुलखैरू, गुलअब्बास,
गेंदा, गुलदाऊदी, निवाड़ी, गन्धराज,
और कितने फूल, फ़व्वारे कई,
रंग अनेकों-सुर्ख़ धानी, चम्पई,
आसमानी सब्ज़, फ़ीरोज़ी सफ़ेद,

ज़र्द, बादामी, बसन्ती, सभी भेद।
फलों के भी पेड़ थे,
आम, लीची, सन्तरे और फालसे।
चटक़ती कलियाँ, निकलती मृदुल गन्ध,
गले लगकर हवा चलती मन्द-मन्द,
चहकते बुलबुल, मचलती टहनियाँ,
बाग़ चिड़ियों का बना था आशियाँ।
साफ़ राहें, सरो दोनों ओर
दूर तक फैले हुए कुल छोर,
बीच में आरामगाह
दे रही थी बड़प्पन की थाह।
कहीं झरने, कहीं छोटी-सी पहाड़ी,
कहीं सुथरा चमन नक़ली कहीं झाड़ी।

आया मौसिम, खिला फ़ारस का गुलाब,
बाग़ पर उसका पड़ा था रोबोदाब;
वही गन्दे में उगा देता हुआ बुत्ता
पहाड़ी से उठे-सर ऐंठकर बोला कुकुरमुत्ता-
"अबे, सुन बे गुलाब,
भूल मत जो पायी ख़ुशबू, रंगोंआब,
ख़ून चूसा खाद का तूने अशिष्ट,
डाल पर इतराता है केपीटलिस्ट!
कितनों को तू ने बनाया है ग़ुलाम,
माली कर रखा, सहाया जाड़ा-घाम,
हाथ जिसके तू लगा
पैर सर रखकर व' पीछे को भगा
औरत की जानिब मैदान यह छोड़कर,
तबेले को टट्टू जैसे तोड़कर,
शाहों, राजों अमीरों का रहा प्यारा
तभी साधारणों से तू रहा न्यारा।
वरना क्या तेरी हस्ती है, पोच तू
काँटों ही से भरा है यह सोच तू
कली जो चटकी अभी
सूखकर काँटा हुई होती कभी।

रोज़ पड़ता रहा पानी,
तू हरामी ख़ानदानी।
चाहिए तुझको सदा मेहरुन्निसा
जो निकाले इत्र, रू, ऐसी दिशा
बहाकर ले चले लोगों को, नहीं कोई किनारा
जहाँ अपना नहीं कोई भी सहारा
ख़्वाब में डूबा चमकता हो सितारा
पेट में डँड पेले हों चूहे, ज़बाँ पर लफ़्ज़ प्यारा।

देख मुझको, मैं बढ़ा
डेढ़ बालिश्त और ऊँचे पर चढ़ा
और अपने से उगा मैं
बिना दाने का चुगा मैं
क़लम मेरा नहीं लगता
मेरा जीवन आप जगता
तू है नक़ली, मैं हूँ मौलिक
तू है बकरा, मैं हूँ कौलिक
तू रंगा और मैं धुला
पानी मैं, तू बुलबुला
तू ने दुनिया को बिगाड़ा
मैंने गिरते से उभाड़ा
तू ने रोटी छीन ली ज़नख़ा बनाकर
एक की दीं तीन मैंने गुन सुनाकर।

काम मुझ ही से सधा है
शेर भी मुझसे गधा है
चीन में मेरी नक़ल, छाता बना
छत्र भारत का वही, कैसा तना
सब जगह तू देख ले
आज का फिर रूप पैराशूट ले।
विष्णु का मैं ही सुदर्शनचक्र हूँ।
काम दुनिया में पड़ा ज्यों, वक्र हूँ।
उलट दे, मैं ही जसोदा की मथानी

और भी लम्बी कहानी–
सामने ला, कर मुझे बेंड़ा
देख कैंड़ा
तीर से खींचा धनुष मैं राम का।
काम का–
पड़ा कन्धे पर हूँ हल बलराम का।
सुबह का सूरज हूँ मैं ही
चाँद मैं ही शाम का।
कलजुगी मैं ढाल
नाव का मैं तला नीचे और ऊपर पाल।
मैं ही डाँड़ी से लगा पल्ला
सारी दुनिया तोलती ग़ल्ला
मुझसे मूछें, मुझसे क़ल्ला
मेरे लल्लू, मेरे लल्ला
कहे रुपया या अधन्ना
हो बनारस या न्यवन्ना
रूप मेरा, मैं चमकता
गोला मेरा ही बमकता।
लगाता हूँ पार मैं ही
डुबाता मझधार मैं ही।
डब्बे का मैं ही नमूना
पान मैं ही, मैं ही चूना।

मैं कुकुरमुत्ता हूँ,
पर बेन्ज़ाइन (Benzoin) वैसे
बने दर्शनशास्त्र जैसे।
ओम्फलस (Omphalos) और ब्रह्मावर्त
वैसे ही दुनिया के गोले और पर्त
जैसे सिकुड़न और साड़ी,
ज्यों सफ़ाई और माड़ी।
कास्मोपालीटन् और मेट्रोपालीटन्
जैसे फ्रायड् और लीटन्।
फ़ेलसी और फ़लसफ़ा

ज़रूरत और हो रफ़ा।
सरसता में फ्राड्
केपीटल में जैसे लेनिनग्राड।
सच समझ जैसे रक़ीब
लेखकों में लण्ठ जैसे ख़ुशनसीब

मैं डबल जब, बना डमरू
इक़बगल, तब बना वीणा।
मन्द्र होकर कभी निकला
कभी बनकर ध्वनि क्षीणा।
मैं पुरुष और मैं ही अबला।
मैं मृदंग और मैं ही तबला।
चुन्ने ख़ाँ के हाथ का मैं ही सितार
दिगम्बर का तानपूरा, हसीना का सुरबहार।
मैं ही लायर, लीरिक मुझसे ही बने
संस्कृत, फ़ारसी, अरबी, ग्रीक, लैटिन के जने
मन्त्र, ग़ज़लें, गीत। मुझसे ही हुए शैदा
जीते हैं, फिर मरते हैं, फिर होते हैं पैदा।
वायलिन् मुझसे बजा
बेन्जो मुझसे सजा।
घण्टा, घण्टी, ढोल, डफ, घड़ियाल,
शंख, तुरही, मजीरे, करताल,
कारनेट्, क्लेरीअनेट्, ड्रम, फ़्लूट, गीटर,
बजानेवाले हसन ख़ाँ, बुद्धू, पीटर,
मानते हैं सब मुझे ये बायें से,
जानते हैं दायें से।
ताताधिन्ना चलती है जितनी तरह
देख, सब में लगी है मेरी गिरह।
नाच में यह मेरा ही जीवन खुला
पैरों से मैं ही तुला।
कत्थक हो या कथकली या बालडान्स,
क्लियोपेट्रा, कमल-भौंरा, कोई रोमान्स
बहेलिया हो, मोर हो, मणिपुरी, गरबा,

पैर, माझा, हाथ, गरदन, भौंहें मटका
नाच अफ़्रीकन हो या यूरोपीयन,
सब में मेरी ही गढ़न।
किसी भी तरह का हावभाव,
मेरा ही रहता है सबमें ताव।
मैंने बदले पैंतरे,

जहाँ भी शासक लड़े।
पर हैं प्रोलेटेरियन झगड़े जहाँ,
मियाँ-बीबी के, क्या कहना है वहाँ।
नाचता है सूदखोर जहाँ कहीं ब्याज डूचता,
नाच मेरा क्लाईमेक्स को पहुँचता।
नहीं मेरे हाड़, काँटे, काठ या,
नहीं मेरा बदन आठोगाँठ का।
रस-ही-रस मैं हो रहा
सफ़ेदी को जहन्नम रोकर रहा।
दुनिया में सबने मुझी से रस चुराया,
रस में मैं डूबा-उतराया।
मुझी में ग़ोते लगाये वाल्मीकि-व्यास ने
मुझी से पोथे निकाले भास-कालिदास ने।
टुकुर-टुकुर देखा किये मेरे ही किनारे खड़े
हाफ़िज़-रवीन्द्र जैसे विश्वकवि बड़े-बड़े।
कहीं का रोड़ा, कहीं का पत्थर
टी. एस. एलीयट ने जैसे दे मारा
पढ़नेवाले ने भी जिगर पर रखकर
हाथ, कहा, 'लिख दिया जहाँ सारा'।
ज़्यादा देखने को आँख दबाकर
शाम को किसी ने जैसे देखा तारा।
जैसे प्रोग्रेसीव का क़लम लेते ही
रोका नहीं रुकता जोश का पारा।
यहीं से यह कुल हुआ
जैसे अम्मा से बुआ।
मेरी सूरत के नमूने पीरामीड्

मेरा चेला था यूक्लीड्।
रामेश्वर, मीनाक्षी, भुवनेश्वर,
जगन्नाथ, जितने मन्दिर सुन्दर
मैं ही सबका जनक
जेवर जैसे कनक।
हो क़ुतुबमीनार,
ताज, आगरा या फ़ोर्ट चुनार,
विक्टोरिया मेमोरियल, कलकत्ता,
मस्जिद, बगदाद, जुम्मा, अलबत्ता
सेन्ट पीटर्स गिरजा हो या घण्टाघर
गुम्बदों में, गढ़न में मेरी मुहर।
एरियन हो, पर्शियन या गाथिक आर्च
पड़ती है मेरी ही टार्च।
पहले के हों, बीच के या आज के
चेहरे से पिद्दी के हों या बाज़ के।
चीन के फ़ारस के या जापान के
अमरिका के, रूस के, इटली के, इँगलिस्तान के।
ईंट के, पत्थर के हों या लकड़ी के
कहीं की भी मकड़ी के।
बुने जाले जैसे मकाँ कुल मेरे
छत्ते के हैं घेरे।

सर सभी का फाँसनेवाला हूँ ट्रेप
टर्की टोपी, दुपलिया या किश्ती-केप।
और जितने, लगा जिनमें स्ट्रा या मेट,
देख, मेरी नक़्ल है अँगरेज़ी हेट।
घूमता हूँ सर चढ़ा,
तू नहीं, मैं ही बड़ा।"

[2]

बाग़ के बाहर पड़े थे झोपड़े
दूर से जो दिख रहे थे अधगड़े।
जगह गन्दी, रुका, सड़ता हुआ पानी

मोरियों में; ज़िन्दगी की लन्तरानी-
बिलबिलाते कीड़े, बिखरी हड्डियाँ
सेलरों की, परों की थीं गड्डियाँ
कहीं मुर्ग़ी, कही अण्डे,
धूप खाते हुए कण्डे।
हवा बदबू से मिली
हर तरह की बासीली पड़ गयीं।
रहते थे नव्वाब के ख़ादिम
अफ्रिका के आदमी आदिम-
खानसामाँ, बावर्ची और चोबदार;
सिपाही, साईस, भिश्ती, घुड़सवार,
तामजानवाले कुछ देशी कहार,
नाई, धोबी, तेली, तम्बोली, कुम्हार,
फ़ीलवान, ऊँटवान, गाड़ीवान
एक ख़ासा हिन्दु-मुस्लिम ख़ानदान।
एक ही रस्सी से किस्मत की बँधा
काटता था ज़िन्दगी गिरता-सधा।
बच्चे, बुड्ढ़े, औरतें और नौजवान
रहते थे उस बस्ती में, कुछ बाग़बान
पेट के मारे वहाँ पर आ बसे,
साथ उनके रहे, रोये और हँसे।

एक मालिन
बीबी मोना माली की थी बंगालिन;
लड़की उसकी, नाम गोली
वह नव्वाबज़ादी की थी हमजोली।
नाम था नव्वाबज़ादी का बहार
नज़रों में सारा जहाँ फ़र्माबरदार।
सारंगी जैसी चढ़ी
पोएट्री में बोलती थी
प्रोज़ में बिलकुल अड़ी।
गोली की माँ बंगालिन, बहुत शिष्ट
पोयट्री की स्पेशलिस्ट।

बातों जैसे मजती थी
सारंगी वह बजती थी।
सुनकर राग, सरगम, तान
खिलती थी बहार की जान।
गोली की माँ सोचती थी-
गुर मिला,
बिना पकड़े खींचे कान
देखादेखी बोली में
माँ की अदा सीखी नन्हीं गोली ने।
इसलिए बहार वहाँ बारहोमास
डटी रही गोली की माँ के
कभी गोली के पास।
सुब्हो-शाम दोनों वक़्त जाती थी
खुशामद से तनतनाई आती थी।
गोली डाँडी पर पासंगवाली कौड़ी
स्टीमबोट की डोंगी, फिरती दौड़ी।
पर कहेंगे-
'साथ-ही-साथ वहाँ दोनों रहती थीं
अपनी-अपनी कहती थी।
दोनों के दिल मिले थे
तारे खुले-खिले थे।
हाथ पकड़े घूमती थीं
खिलखिलाती झूमती थीं।
इक पर इक करती थीं चोट
हँसकर होतीं लोटपोट।
सात का दोनों का सिन
खुशी से कटते थे दिन।'
महल में भी गोली जाया करती थी
जैसे यहाँ बहार आया करती थी।

एक दिन हँसकर बहार यह बोली-
"चलो, बाग़ घूम आयें हम, गोली।"
दोनों चली, जैसे धूप, और छाँह

गोली के गले पड़ी बहार की बाँह।
साथ टेरियर और एक नौकरानी।
सामने कुछ औरतें भरती थीं पानी
सिटपिटायी जैसे अड़गड़े में देखा मर्द को
बाबू ने देखा हो उठती गर्द को।
निकल जाने पर बहार के, बोली
पहली दूसरी से, ''देखो, वह गोली
मोना बंगाली की लड़की।
भैंस भड़की,
ऐसी उसकी माँ की सूरत
मगर है नव्वाब की आँखों में मूरत।
रोज़ जाती है महल को, जगे भाग
आँख का जब उतरा पानी, लगे आग,
रोज़ ढोया आ रहा है माल-असबाब
बन रहे हैं गहने-ज़ेवर
पकता है क़लिया-कबाब।''
झटके से सिर-काँख पर फिर लिये घड़े
चली ठनकाती कड़े।
बाग़ में आयी बहार
चम्पे की लम्बी कतार
देखती बढ़ती गयी
फूल पर अड़ती गयी।
मौलसिरी की छाँह में
कुछ देर बैठी बेंच पर
फिर निगाह डाली एक रेंज पर
देखा फिर कुछ उड़ रही थीं तितलियाँ
डालों पर, कितनी चहकती थी चिडियाँ।
भौंरे गूँजते, हुए मतवाले-से
उड़ गया इक मकड़ी के फँसकर बड़े-से जाले से।
फिर निगाह उठायी आसमान की ओर
देखती रही कि कितनी दूर तक छोर।
देखा, उठ रही थी धूप-
पड़ती फुनगियों पर, चमचमाया रूप।

पेड़ जैसे शाह इक-से-इक बड़े
ताज पहने, हैं खड़े।
आया माली, हाथ गुलदस्ते लिये
गुलबहार को दिये।
गोली को इक गुलदस्ता
सूँघकर हँसकर बहार ने दिया।
ज़रा बैठकर उठी, तिरछी गली
होती कुंज को चली!
देखी फ्रांसीसी लिली
और गुलबकावली।
फिर गुलाबजामुन का बाग़ छोड़ा
तूतों के पेड़ों से बायें मुँह मोड़ा।
एक बगल की झाड़ी
बढ़ी जिधर थी बड़ी गुलाबबाड़ी।
देखा, खिल रहे थे बड़े-बड़े फूल
लहराया जी का सागर अकूल।
दुम हिलाता भागा टेरियर कुत्ता
जैसे दौड़ी, गोली चिल्लाती हुई 'कुकुरमुत्ता'।
सकपकायी, बहार देखने लगी
जैसे कुकुरमुत्ते के प्रेम से भरी गोली दगी।
भूल गयी, उसका था गुलाब पर जो कुछ भी प्यार
सिर्फ़ वह गोली को देखती रही निगाह की धार।
टूटी गोली जैसे बिल्ली देखकर अपना शिकार
तोड़कर कुकुरमुत्तों को होती थी उनके निसार।
बहुत उगे थे तब तक
उसने कुल अपने आँचल में
तोड़कर रखे अब तक।
घूमी प्यार से
मुस्कराती देखकर बोली बहार से-
"देखो जी भरकर गुलाब
हम खायेंगे कुकुरमुत्ते का कबाब।"
कुकुरमुत्ते की कहानी
सुनी उससे, जीभ में बहार की आया पानी।

पूछा ''क्या इसका कबाब
होगा ऐसा भी लज़ीज़?
जितनी भाजियाँ दुनिया में
इसके सामने नाचीज़?"
गोली बोली-"जैसी ख़ुशबू
इसका वैसा ही स्वाद,
खाते खाते हर एक को
आ जाती है बिहिश्त की याद
सच समझ लो, इसका क़लिया
तेल का भूना कबाब,
भाजियों में वैसा
जैसा आदमियो में नव्वाब।"

"नहीं ऐसा कहते री मालिन की
छोकड़ी बंगालिन की!"
डाँटा नौकरानी ने-
चढ़ी-आँख कानी ने।
लेकिन यह, कुछ एक घूँट लार के
जा चुके थे पेट में तब तक बहार के।
''नहीं नहीं, अगर इसको कुछ कहा"
पलटकर बहार ने उसे डाँटा-
"कुकुरमुत्ते का कबाब खाना है,
इसके साथ यहाँ जाना है।"
"बता, गोली" पूछा उसने,
"कुकुरमुत्ते का कबाब
वैसी ख़ुशबू देता है
जैसी कि देता है गुलाब
गोली ने बनाया मुँह
बायें घूमकर फिर एक छोटी-सी निकाली "उँह!"
कहा, "बकरा हो या दुम्बा
मुर्ग़ या कोई परिन्दा
इसके सामने सब छूः
सबसे बढ़कर इसकी ख़ुशबू।

भरता है गुलाब पानी
इसके आगे मरती है इन सबकी नानी।"
चाव से गोली चली
बहार उसके पीछे हो ली,
उसके पीछे टेरियर, फिर नौकरानी
पोंछती जो आँख कानी।

चली गोली आगे जैसे डिक्टेटर
बहार उसके पीछे जैसे भुक्खड़ फ़ालोवर।
उसके पीछे दुम हिलाता टेरियर–
आधुनिक पोयेट (Poet)
पीछे बाँदी बचत की सोचती
केपीटलिस्ट क्वेट।
झोपडी में जल्द चलकर गोली आयी
ज़ोर से 'माँ' चिल्लायी।
माँ ने दरवाज़ा, खोला,
आँखों से सबको तोला।
भीतर आ डलिये में रखे
गोली ने वे कुकुरमुत्ते।
देखकर माँ खिल गयी।
निधि जैसे मिल गयी।
कहा गोली ने, "अम्मा,
क़लिया–कबाब जल्द बना।
पकाना मसालेदार
अच्छा, खायेंगी बहार।
पतली–पतली चपातियाँ
उनके लिए सेंक लेना।"
जला ज्यों ही उधर चूल्हा,
खेलने लगीं दोनों दूल्हन–दूल्हा।
कोठरी में अलग चलकर
बाँदी की कानी को छलकर।
टेरियर था बराती
आज का गोली का साथी।

हो गयी शादी कि फिर दूल्हन–बहार से।
दूल्हा–गोली बातें करने लगी प्यार से।
इस तरह कुछ वक़्त बीता, खाना तैयार
हो गया, खाने चलीं गोली और बहार।
कैसे कहें भाव जो माँ की आँखों से बरसे
थाली लगायी बड़े समादर से।
खाते ही बहार ने यह फ़रमाया,
"ऐसा खाना आज तक नहीं खाया।"
शौक़ से लेकर स्वाद
खाती रहीं दोनों
कुकुरमुत्ते का क़लिया–कबाब।
बाँदी को भी थोड़ा–सा
गोली की माँ ने कबाब परोसा।
अच्छा लगा, थोड़ा–सा क़लिया भी
बाद को ला दिया,
हाथ धुलाकर देकर पान उसको बिदा किया।

कुकुरमुत्ते की कहानी
सुनी जब बहार से
नव्वाब के मुँह आया पानी।
बाँदी से की पूछताछ,
उनको हो गया विश्वास।
माली को बुला भेजा,
कहा, "कुकुरमुत्ता चलकर ले आ तू ताज़ा–ताज़ा।"
माली ने कहा, "हुजूर,
कुकुरमुत्ता अब नहीं रहा है, अर्ज़ हो मंजूर,
रहे हैं अब सिर्फ़ गुलाब।"
ग़ुस्सा आया, काँपने लगे नव्वाब।
बोले; "चल, गुलाब जहाँ थे, उगा,
सबके साथ हम भी चाहते हैं अब कुकुरमुत्ता।"
बोला माली, "फ़रमाएँ मआफ़ खता,
कुकुरमुत्ता अब उगाया नहीं उगता।"

❐

सरोज-स्मृति

ऊनविंश पर जो प्रथम चरण
तेरा वह जीवन-सिन्धु-तरण:
तनये, ली कर दृक्पात तरुण
जनक से जन्म की विदा अरुण!
गीते मेरी, तज रूप-नाम
वर लिया अमर शाश्वत विराम
पूरे कर शुचितर सपर्याय
जीवन के अष्टादशाध्याय,
चढ़ मृत्यु-तरणि पर तूर्ण-चरण
कह-"पित:, पूर्ण आलोक वरण
करती हूँ मैं, यह नहीं मरण,
'सरोज' का ज्योति:शरण-तरण"-
अशब्द अधरों का, सुना, भाष,
मैं कवि हूँ, पाया है प्रकाश
मैंने कुछ अहरह रह निर्भर
ज्योतिस्तरणा के चरणों पर।
जीवित-कविते, शत-शर-जर्जर
छोड़कर पिता को पृथ्वी पर
तू गयी स्वर्ग, क्या यह विचार-
"जब पिता करेंगे मार्ग पार
यह, अक्षम अति, तब मैं सक्षम,
तारूँगी कर गह दुस्तर तम?"

कहता तेरा प्रयाण सविनय,-
कोई न अन्य था भावोदय।
श्रावण-नभ का स्तब्धान्धकार
शुक्ला प्रथमा, कर गयी पार!

धन्ये, मैं पिता निरर्थक था,
कुछ भी तेरे हित न कर सका!
जाना तो अर्थागमोपाय
पर रहा सदा संकुचित-काय
लखकर अनर्थ आर्थिक पथ पर
हारता रहा मैं स्वार्थ-समर।
शुचिते, पहनाकर चीनांशुक
रख सका न तुझे अतः दधिमुख।
क्षीण का न छीना कभी अन्न,
मैं लख न सका वे दृग विपन्नः
अपने आँसुओं अतः बिम्बित
देखे हैं अपने ही मुख-चित।
सोचा है नत हो बार-बार-
"यह हिन्दी का स्नेहोपहार,
यह नहीं हार मेरी भास्वर
वह रत्नहार-लोकोत्तर वर।"
अन्यथा, जहाँ है भाव शुद्ध
साहित्य-कला-कौशल-प्रबुद्ध,
हैं दिये हुए मेरे प्रमाण
कुछ वहाँ, प्राप्ति को समाधान,-
पार्श्व में अन्य रख कुशल हस्त
गद्य में पद्य में समाभ्यस्त-
देखें वे; हँसते हुए प्रवर
जो रहे देखते सदा समर,
एक साथ जब शत घात घूर्ण
आते थे मुझ पर तुले तूर्ण,
देखता रहा मैं खड़ा अपल

वह शर-क्षेप, वह रण-कौशल।
व्यक्त हो चुका चीत्कारोत्कल
क्रुद्ध युद्ध का रुद्ध-कण्ठ फल।
और भी फलित होगी वह छवि,
जागे जीवन जीवन का रवि,
लेकर कर कल तूलिका कला,
देखो क्या रंग भरती विमला,
वांछित उस किस लांछित छवि पर
फेरती स्नेह की कूची भर।

अस्तु मैं उपार्जन को अक्षम
कर नहीं सका पोषण उत्तम
कुछ दिन को, जब तू रही साथ,
अपने गौरव से झुका माथ,
पुत्री भी, पिता-गेह में स्थिर,
छोड़ने के प्रथम जीर्ण अजिर।
आँसुओं सजल दृष्टि की छलक
पूरी न हुई जो रही कलक
प्राणों की प्राणों में दबकर
कहती लघु-लघु उसाँस में भर:
समझता हुआ मैं रहा देख
हटती भी पथ पर दृष्टि टेक।

तू सवा साल की जब कोमल,
पहचान रही ज्ञान में चपल,
माँ का मुख, हो चुम्बित क्षण-क्षण,
भरती जीवन में नव जीवन,
वह चरित पूर्ण कर गयी चली,
तू नानी की गोद जा पली।
सब किये वहीं कौतुक-विनोद
उस घर निशि-वासर भरे मोद;
खायी भाई की मार, विकल

रोयी, उत्पल-दल-दृग-छलछल;
चुमकारा फिर उसने निहार,
फिर गंगा-तट-सैकत विहार
करने को लेकर साथ चला,
तू गहकर चली हाथ चपला;
आँसुओं धुला मुख हासोच्छल,
लखती प्रसार वह ऊर्मि-धवल।
तब भी मैं इसी तरह समस्त
कवि जीवन में व्यर्थ भी व्यस्त
लिखता अबाध गति मुक्त छन्द,
पर सम्पादकगण निरानन्द
वापस कर देते पढ़ सत्वर
रो एक-पंक्ति-दो में उत्तर।
लौटी रचना लेकर उदास
ताकता हुआ मैं दिशाकाश
बैठा प्रान्तर में दीर्घ प्रहर
व्यतीत करता था गुन-गुन कर
सम्पादक के गुण; यथाभ्यास
पास की नोंचता हुआ घास
अज्ञात फेंकता इधर-उधर
भाव की चढ़ी पूजा उन पर।

याद है, दिवस की प्रथम धूप
थी पड़ी हुई तुझ पर सुरूप,
खेलती हुई तू परी चपल,
मैं दूरस्थित प्रवास से चल
दो वर्ष बाद, होकर उत्सुक
देखने के लिए अपने मुख
था गया हुआ, बैठा बाहर
आँगन में फाटक के भीतर
मोढ़े पर, ले कुण्डली हाथ
अपने जीवन की दीर्घ गाथ।

पढ़ लिखे हुए शुभ दो विवाह
हँसता था, मन में बढ़ी चाह
खण्डित करने को भाग्य-अंक,
देखा भविष्य के प्रति अशंक।

इससे पहले आत्मीय स्वजन
सस्नेह कह चुके थे, जीवन
सुखमय होगा, विवाह कर लो
जो पढ़ी-लिखी हो-सुन्दर हो।
आये ऐसे अनेक परिणय,
पर विदा किया मैंने सविनय
सबको, जो अड़े प्रार्थना भर
नयनों में, पाने को उत्तर
अनुकूल, उन्हें जब कहा निडर-
"मैं हूँ मंगली" मुड़े सुनकर।
इस बार एक आया विवाह
जो किसी तरह भी हतोत्साह
होने को न था, पड़ी अड़चन,
आया मन में भर आकर्षण
उन नयनों का, सासु ने कहा-
"वे बड़े भले जन हैं, भय्या,
एन्ट्रेंन्स पास है लड़की वह,
बोले मुझसे, 'छब्बिस ही तो
वर की है उम्र, ठीक ही है,
लड़की भी अट्ठारह की है।'
फिर हाथ जोड़ने लगे, कहा-
'वे नहीं कर रहे ब्याह, अहा,
हैं सुधरे हुए बड़े सज्जन!
अच्छे कवि, अच्छे विद्वज्जन!
हैं बड़े नाम उनके! शिक्षित
लड़की भी रूपवती; समुचित
आपको यही होगा कि कहें

हर तरह उन्हें; वर सुखी रहें।'
आयेंगे कल।" दृष्टि थी शिथिल,
आयी पुतली तू खिल-खिल-खिल
हँसती, मैं हुआ पुनः चेतन
सोचता हुआ विवाह-बन्धन।
कुण्डली दिखा बोला-"ए-लो"
आयी तू, दिया, कहा, "खेलो!"
कर स्नान-शेष, उन्मुक्त-केश
सासुजी रहस्य-स्मित सुवेश
आयीं करने को बातचीत
जो कल होनेवाली, अजीत,
संकेत किया मैंने अखिन्न
जिस ओर कुण्डली छिन्न-भिन्न;
देखने लगीं वे विस्मय भर
तू बैठी संचित टुकड़ों पर।
धीरे-धीरे फिर बढ़ा चरण,
बाल्य की केलियों का प्रांगण
कर पार, कुंज-तारुण्य सुघर
आयी, लावण्य-भार थर-थर
काँपा कोमलता पर सस्वर
ज्यों मालकौश नव वीणा पर:
नैश स्वप्न ज्यों तू मन्द-मन्द
फूटी ऊषा जागरण-छन्द,
काँपी भर निज आलोक-भार,
काँपा वन, काँपा दिक प्रसार।
परिचय-परिचय पर खिला सकल-
नभ, पृथ्वी, द्रुम, कलि, किसलय-दल।
क्या दृष्टि! अतल की सिक्त-धार
ज्यों भोगावती उठी अपार,
उमड़ता ऊर्ध्व को कल सलील
जल टलमल करता नील-नील,
पर बँधा देह के दिव्य बाँध,

छलकता दृगों से साध-साध।
फूटा कैसा प्रिय कण्ठ-स्वर
माँ की मधुरिमा व्यंजना भर
हर पिता-कण्ठ की दृप्त-धार
उत्कलित रागिनी की बहार!
बन जन्मसिद्ध गायिका, तन्वि,
मेरे स्वर की रागिनी वह्नि
साकार हुई दृष्टि में सुघर,
समझा मैं क्या संस्कार प्रखर।
शिक्षा के बिना बना वह स्वर
है, सुना न अब तक पृथ्वी पर!
जाना बस, पिक-बालिका प्रथम
पल अन्य नीड़ में जब सक्षम
होती उड़ने को, अपना स्वर
भर करती ध्वनित मौन प्रान्तर।
तू खिंची दृष्टि में मेरी छवि,।
जागा उर में तेरा प्रिय कवि,
उन्मनन-गुंज सज हिला कुंज
तरु-पल्लव कलि-दल पुंज-पुंज
बह चली एक अज्ञात वात
चूमती केश-मृदु नवल गात,
देखती सकल निष्पलक-नयन
तू, समझा मैं तेरा जीवन।

सासु ने कहा लख एक दिवसः-
"भैया अब नहीं हमारा बस,
पालना-पोसना रहा काम,
देना 'सरोज' को धन्य-धाम,
शुचि वर के कर, कुलीन लखकर,
है काम तुम्हारा धर्मोत्तर;
अब कुछ दिन इसे साथ लेकर
अपने घर रहो, ढूँढ़कर वर

जो योग्य तुम्हारे, करो ब्याह
होंगे सहाय हम सहोत्साह।
सुनकर, गुनकर चुपचाप रहा,
कुछ भी न कहा,-न अहो, न अहा;
ले चला साथ मैं तुझे, कनक
ज्यों भिक्षुक लेकर, स्वर्ण-झनक
अपने जीवन की, प्रभा विमल
ले आया निज गृह-छाया-तल।
सोचा मन में हत वार वार-
"ये कान्यकुब्ज-कुल-कुलांगार;
खाकर पत्तल में करें छेद,
इनके कर कन्या, अर्थ खेद,
इस विषय-बेलि में विष ही फल,
यह दग्ध मरुस्थल-नहीं सुजल।"
फिर सोचा-"मेरे पूर्वजगण
गुजरे जिस राह, वही शोभन
होगा मुझको, यह लोक-रीति
कर दूँ पूरी, गो नहीं भीति
कुछ मुझे तोड़ते गत विचार;
पर पूर्ण रूप प्राचीन भार
ढोते मैं हूँ अक्षम; निश्चय
आयेगी मुझमें नहीं विनय
उतनी जो रेखा करे पार
सौहार्द-बन्ध की, निराधार।
वे जो जमुना के-से कछार
पद फटे बिवाई के, उधार
खाये के मुख ज्यों, पिये तेल
चमरौधे जूते से सकेल
निकले, जी लेते, घोर-गन्ध,
उन चरणों को मैं यथा अन्ध,
कल घ्राण-प्राण से रहित व्यक्ति
हो पूजूँ, ऐसी नहीं शक्ति।

ऐसे शिव से गिरिजा-विवाह
करने की मुझको नहीं चाह।"
फिर आयी याद-मुझे सज्जन
है मिला प्रथम ही-विद्वज्जन
नवयुवक एक, सत्साहित्यिक,
कुल कान्यकुब्ज, यह नैमित्तिक
होगा कोई इंगित अदृश्य,
मेरे हित है हित यही स्पृश्य
अभिनन्दनीय। बँध गया भाव,
खुल गया हृदय का स्नेह-स्राव,
खत लिखा, बुला भेजा तत्क्षण,
युवक भी मिला प्रफुल्ल, चेतन।
बोला मैं-"मैं हूँ रिक्त-हस्त
इस समय, विवेचन में समस्त-
जो कुछ है मेरा अपना धन
पूर्वज से मिला, करूँ अर्पण
यदि महाजनों को, तो विवाह
कर सकता हूँ, पर नहीं चाह
मेरी ऐसी, दहेज देकर
मैं मूर्ख बनूँ, यह नहीं सुघर,
बारात बुलाकर मिथ्या व्यय
मैं करूँ, नहीं ऐसा सुसमय।
तुम करो ब्याह, तोड़ता नियम
मैं सामाजिक योग के प्रथम
लग्न के; पढ़ूँगा स्वयं मन्त्र
यदि पण्डितजी होंगे स्वतन्त्र।
जो कुछ मेरे, वह कन्या का,
निश्चय समझो, कुल धन्या का।"
आये पण्डितजी, प्रजावर्ग,
आमन्त्रित साहित्यिक, ससर्ग
देखा विवाह आमूल नवल,
तुझ पर शुभ पड़ा कलश का जल।

देखती मुझे तू, हँसी मन्द,
होठों में बिजली फँसी, स्पन्द,
उर में भर झूली छबि सुन्दर,
प्रिय की अशब्द शृंगार-मुखर
तू खुली एक-उच्छ्वास-संग,
विश्वास-स्तब्ध बँध अंग-अंग
नत नयनों से आलोक उतर
काँपा अधरों पर थर-थर-थर।
देखा मैंने, वह मूर्ति-धीति
मेरे वसन्त की प्रथम गीति-
शृंगार, रहा जो निराकार
रस कविता में उच्छ्वसित-धार
गाया स्वर्गीया-प्रिया-संग-
भरता प्राणों मैं राग-रंग,
रति-रूप प्राप्त कर रहा वही,
आकाश बदलकर बना मही।

हो गया ब्याह, आत्मीय स्वजन
कोई थे नहीं, न आमन्त्रण
था भेजा गया, विवाह-राग
भर रहा न घर निशि-दिवस जाग;
प्रिय मौन एक संगीत भरा
नव जीवन के स्वर पर उतरा।
माँ की कुल शिक्षा मैंने दी,
पुष्प-सेज तेरी स्वयं रची,
सोचा मन में-"वह शकुन्तला,
पर पाठ अन्य यह, अन्य कला।"
कुछ दिन रह गृह तू फिर समोद,
बैठी नानी की स्नेह-गोद।
मामा-मामी का रहा प्यार,
भर जलद धरा को ज्यों अपार;
वे ही सुख-दुख में रहे न्यस्त,
तेरे हित सदा समस्त, व्यस्त;

वह लता वहीं की, जहाँ कली
तू खिली, स्नेह से हिली, पली,
अन्त भी उसी गोद में शरण
ली, मूँदे दृग वर महामरण!

मुझ भाग्यहीन की तू सम्बल
युग वर्ष बाद जब हुई विकल,
दुःख ही जीवन की कथा रही
क्या कहूँ आज, जो नहीं कही!
हो इसी कर्म पर वज्रपात
यदि धर्म, रहे नत सदा माथ
इस पथ पर, मेरे कार्य सकल
हों भ्रष्ट शीत के-से शतदल!
कन्ये, गत कर्मों का अर्पण
कर, करता मैं तेरा तर्पण!

❐

तुलसीदास

[1]

भारत के नभ का प्रभापूर्य
शीतलच्छाय सांस्कृतिक सूर्य
अस्तमित आज रे-तमस्तूर्य दिग्मण्डल;
उर के आसन पर शिरस्त्राण
शासन करते हैं मुसलमान;
है ऊर्मिल जल, निश्चलत्प्राण पर शतदल।

[2]

शत-शत अब्दों का सान्ध्य काल
यह आकुंचित भ्रू कुटिल-भाल
छाया अम्बर पर जलद-जाल ज्यों दुस्तर;
आया पहले पंजाब प्रान्त,
कोशल-बिहार तदनन्त क्रान्त,
क्रमशः प्रदेश सब हुए भ्रान्त, घिर-घिरकर।

[3]

मुगल-दल बल के जलद-यान,
दर्पित-पद उन्मद-नद पठान
हैं बहा रहे दिग्देशज्ञान, शर-खरतर,
छाया ऊपर घन-अन्धकार-

टूटता वज्र दह दुर्निवार,
नीचे प्लावन की प्रलय-धार, ध्वनि हर-हर।

[4]

रिपु के समक्ष जो था प्रचण्ड
आतप ज्यों तम पर करोद्दण्ड;
निश्चल अब वही बुँदेलखण्ड, आभा गत,
नि:शेष सुरभि, कुरबक-समान
संलग्न वृन्त पर, चिन्त्य प्राण,
बीता उत्सव ज्यों, चिन्ह म्लान; छाया श्लथ।

[5]

वीरों का गढ़, वह कालिंजर,
सिंहों के लिए आज पिंजर;
नर हैं भीतर, बाहर किन्नर-गण गाते;
पीकर ज्यों प्राणों का आसव
देखा असुरों ने दैहिक दव,
बन्धन में फँस आत्मा-बांधव दुख पाते।

[6]

लड़-लड़ जो रण बाँकुरे, समर,
हो शयित देश की पृथ्वी पर,
अक्षर, निर्जर, दुर्धर्ष, अमर, जगतारण
भारत के उर के राजपूत,
उड़ गये आज वे देवदूत,
जो रहे शेष, नृपवेश सूत-बन्दीगण।

[7]

यों, मुगल-पद-तल प्रथम तूर्ण
सम्बद्ध देश-बल चूर्ण-चूर्ण;
इस्लाम-कलाओं से प्रपूर्ण जन-जनपद;
संचित जीवन की क्षिप्रधार,
इस्लाम-सागराभिमुखऽपार,
बहतीं नदियाँ, नद; जन-जन हार वशंवद।

[8]

अब, धौत धरा, खिल गया गगन,
उर-उर को मधुर, तापप्रशमन
बहती समीर, चिर-आलिंगन ज्यों उन्मन।
झरते हैं शशधर से क्षण-क्षण
पृथ्वी के अधरों पर निःस्वन
ज्योतिर्मय प्राणों के चुम्बन संजीवन!

[9]

भूला दुख, अब सुख-स्वरित जाल
फैला-यह केवल-कल्प काल-
कामिनी-कुमुद-कर-कलित ताल पर चलता;
प्राणों की छवि मृदु-मन्द-स्पन्द,
लघु-गति, नियमित-पद, ललित-छन्द;
होगा कोई, जो निरानन्द, कर मलता।

[10]

सोचता कहाँ रे, किधर कूल
कहता तरंग का प्रमुद फूल?
यों इस प्रवाह में देश मूल खो बहता;
'छल-छल-छल' कहता यद्यपि, जल,
वह मन्त्र मुग्ध सुनता 'कल-कल';
निष्क्रिय; शोभा-प्रिय कूलोपल ज्यों रहता।

[11]

पड़ते हैं जो दिल्ली-पथ पर
यमुना के तट के श्रेष्ठ नगर,
वे हैं समृद्धि की दूर-प्रसर माया में;
यह एक उन्हीं में राजापुर,
है पूर्ण, कुशल, व्यवसाय-प्रचुर,
ज्योतिश्चुम्बिनी कलश-मधु-उर छाया में।

[12]

युवकों में प्रमुख रत्न-चेतन
समधीत-शास्त्र-काव्यालोचन
जो, तुलसीदास, वही ब्राह्मण-कुल-दीपक;
आयत-दृग, पुष्ट-देह, गत-भय,
अपने प्रकाश में निःसंशय
प्रतिभा का मन्द-स्मित परिचय, संस्मारक;

[13]

नीली उस यमुना के तट पर
राजापुर का नागरिक मुखर
क्रीड़ितवय-विद्याध्ययनान्तर है संस्थित;
प्रियजन को जीवन चारु, चपल
जल की शोभा का-सा उत्पल,
सौरभोत्कलित अम्बर-तल, स्थल-स्थल, दिक-दिक।

[14]

एक दिन, सखागण संग, पास,
चल चित्रकूटगिरि, सहोच्छ्वास,
देखा पावन वन, नव प्रकाश मन आया;
वह भाषा-छिपती छवि सुन्दर
कुछ खुलती आभा में रंगकर,
वह भाव कुरल-कुहरे-सा भरकर भाया।

[15]

केवल विस्मित मन, चिन्त्य नयन;
परिचित कुछ, भूला ज्यों प्रियजन-
ज्यों दूर दृष्टि की धूमिल-तन तट-रेखा,
हो मध्य तरंगाकुल सागर,
निःशब्द स्वप्नसंस्कारागर;
जल में अस्फुट छवि छायाधर, यों देखा।

[16]

तरु-तरु वीरुध्-वीरुध् तृण-तृण
जाने क्या हँसते मसृण-मसृण,
जैसे प्राणों से हुए उऋण, कुछ लखकर;
भर लेने को उर में, अथाह,
बाहों में फैलाया उछाह;
गिनते थे दिन, अब सफल-चाह पल रखकर।

[17]

कहता प्रति जड़ ''जंगम-जीवन!
भूले थे अब तक बन्धु, प्रमन?
यह हताश्वास मन भार श्वास भर बहता;
तुम रहे छोड़ गृह मेरे कवि,
देखो यह धूलि-धूसरित छवि,
छाया इस पर केवल जड़ रवि खर दहता।

[18]

"हनती आँखों की ज्वाला चल,
पाषाण-खण्ड रहता जल-जल,
ऋतु सभी प्रबलतर बदल-बदलकर आते;
वर्षा में पंक-प्रवाहित सरि,
है शीर्ण-काय-कारण हिम अरि;
केवल दुख देकर उदरम्भरि जन जाते।

[19]

''फिर असुरों से होती क्षण-क्षण
स्मृति की पृथ्वी यह, दलित-चरण;
वे सुप्त भाव, गुप्ताभूषण अब हैं सब;
इस जग के मग के मुक्त-प्राण!
गाओ-विहंग!-सद्ध्वनित गान,
त्यागोज्जीवित, वह ऊर्ध्व ध्यान, धारा स्तव।

[20]

"लो चढ़ा तार-लो चढ़ा तार,
पाषाण-खण्ड ये, करो हार,
दे स्पर्श अहल्योद्धार-सार उस जग का;
अन्यथा यहाँ क्या? अन्धकार,
बन्धुर पथ, पंकिल सरि, कगार,
झरने, झाड़ी, कंटक; विहार पशु-खग का!

[21]

"अब स्मर के शर-केशर से झर
रंगती रज-रज पृथ्वी, अम्बर;
छाया उससे प्रतिमानस-सर शोभाकर;
छिप रहे उसी से वे प्रियतम
छवि के निश्छल देवता परम;
जागरणोपम यह सुप्ति-विरम भ्रम, भ्रम भर।"

[22]

बहकर समीर ज्यों पुष्पाकुल
वन को कर जाती है व्याकुल,
हो गया चित्त कवि का त्यों तुलकर उन्मन;
वह उस शाखा का वन-विहंग
उड़ गया मुक्त नभ निस्तरंग
छोड़ता रंग पर रंग-रंग पर जीवन।

[23]

दूर, दूरतर, दूरतम, शेष,
कर रहा पार मन नभोदेश,
सजता सुवेश, फिर-फिर सुवेश जीवन पर,
छोड़ता रंग फिर-फिर सँवार
उड़ती तरंग ऊपर अपार
सन्ध्या ज्योति ज्यों सुविस्तार अम्बर तर।

[24]

उस मानस उर्ध्व देश में भी
ज्यों राहु-ग्रस्त आभा रवि की
देखी कवि ने छवि छाया-सी, भरती-सी-
भारत का सम्यक् देशकाल;
खिंचता जैसे तम-शेष जाल,
खींचती, बृहत् से अन्तराल करती-सी।

[25]

बँध भिन्न-भिन्न भावों के दल
क्षुद्र से क्षुद्रतर, हुए विकल;
पूजा में भी प्रतिरोध-अनल है जलता;
हो रहा भस्म अपना जीवन,
चेतना-हीन फिर भी चेतन;
अपने ही मन को यों प्रति मन है छलता।

[26]

इसने ही जैसे बार-बार
दूसरी शक्ति की की पुकार-
साकार हुआ ज्यों निराकार, जीवन में;
यह उसी शक्ति से है वलयित
चित देश-काल का सम्यक् जित,
ऋतु का प्रभाव जैसे संचित तरु-तन में!

[27]

विधि की इच्छा सर्वत्र अटल;
यह देश प्रथम ही था हत-बल;
वे टूट चुके थे ठाट सकल वर्णों के;
तृष्णोद्धत, स्पर्धागत, सगर्व
क्षत्रिय रक्षा से रहित सर्व;
द्विज चाटुकार हत इतर वर्ग पर्णों के।

[28]

चलते-फिरते, पर निस्सहाय,
वे दीन, क्षीण कंकालकाय;
आशा-केवल जीवनोपाय उर-उर में;
रण के अश्वों से शस्य सकल
दलमल जाते ज्यों, दल के दल
शूद्रगण क्षुद्र-जीवन-सम्बल, पुर-पुर में।

[29]

वे शेष-श्वास, पशु, मूक-भाष,
पाते प्रहार अब हताश्वास;
सोचते कभी, आजन्म ग्रास द्विजगण के
होना ही उनका धर्म परम,
वे वर्णाधम, रे द्विज उत्तम,
दे चरण-चरण बस, वर्णाश्रम-रक्षण के!

[30]

रखा उन पर गुरु-भार, विषम
जो पहला पद, अब मद-विष-सम;
द्विज लोगों पर इस्लाम-क्षम वह छाया,
जो देश-काल को आवृत कर
फैली है सूक्ष्म मनोनभ पर,
देखी कवि ने समझा अब-वर, क्या माया।

[31]

इस छाया के भीतर हैं सब,
है बँधा हुआ सारा कलरव,
भूले सब इस तम का आसव पी-पीकर।
इसके भीतर रह देश-काल
हो सकेगा न रे मुक्त-भाल,
पहले का-सा उन्नत विशाल ज्योतिःसर।

[32]

दीनों की भी दुर्बल पुकार
कर सकती नहीं कदापि पार
पार्थिवैश्वर्य का अन्धकार पीड़ाकर,
जब तक कांक्षाओं के प्रहार
अपने साधन को बार-बार
होंगे भारत पर इस प्रकार तृष्णापर।

[33]

सोचा कवि ने, मानस-तरंग,
यह भारत-संस्कृति पर सभंग
फैली जो, लेती संग-संग, जन-गण को;
इस अनिल-वाह के पार प्रखर
किरणों का वह ज्योतिर्मय घर,
रविकुल-जीवन-चुम्बनकर मानस-धन जो।

[34]

है वही मुक्ति का सत्य रूप,
यह कूप-कूप भव-अन्ध कूप;
वह रंक, यहाँ जो हुआ भूप, निश्चय रे।
चाहिए उसे और भी और,
फिर साधारण को कहाँ ठौर?
जीवन के, जग के, यही तौर हैं जय के।

[35]

करना होगा यह तिमिर पार-
देखना सत्य का मिहिर-द्वार-
बहना जीवन के प्रखर ज्वार में निश्चय-
लड़ना विरोध से द्वन्द्व-समर,
रह सत्य-मार्ग पर स्थिर निर्भर-
जाना, भिन्न भी देह, निज घर निःसंशय।

[36]

कल्मषोत्सार कवि के दुर्दम
चेतनोर्मियों के प्राण प्रथम
वह रुद्ध द्वार का छाया-तम तरने को-
करने को ज्ञानोद्धत प्रहार-
तोड़ने को विषम वज्र-द्वार;
उमड़े भारत का भ्रम अपार हरने को।

[37]

उस क्षण, उस छाया के ऊपर,
नभ-तम की-सी तारिका सुघर;
आ पड़ी, दृष्टि में, जीवन पर, सुन्दरतम
प्रेयसी, प्राणसंगिनी, नाम
शुभ रत्नावली-सरोज-दाम
वामा, इस पथ पर हुई वाम सरितोपम।

[38]

'जाते हो कहाँ?' तुले तिर्यक्
दृग, पहनाकर ज्योतिर्मय स्रक्
प्रियतम को ज्यों, बोले सम्यक् शासन से;
फिर लिये मूँद वे पल पक्ष्मल-
इन्दीवर के-से कोश विमल;
फिर हुई अदृश्य शक्ति पुष्कल उस तन से।

[39]

उस ऊँचे नभ का, गुंजनपर,
मंजुल जीवन का मन-मधुकर,
खुलती उस दृग-छवि में बँधकर, सौरभ को
बैठा ही था सुख से क्षण-भर,
मुँद गये पलों के दल मृदुतर,
रह गया उसी उर के भीतर, अक्षम हो।

[40]

उसके अदृश्य होते ही रे,
उतरा वह मन धीरे-धीरे,
केशर-रज-कण अब हैं हीरे पर्वतचय;
यह वही प्रकृति पर रूप अन्य;
जगमग-जगमग सब वेश वन्य;
सुरभित दिशि-दिशि, कवि हुआ धन्य मायाशय।

[41]

यह श्री पावन, गृहिणी उदार;
गिरि-वर उरोज, सरि पयोधार;
कर वन-तरु; फैला फल निहारती देती;
सब जीवों पर है एक दृष्टि,
तृण-तृण पर उसकी सुधा-वृष्टि,
प्रेयसी, बदलती वसन सृष्टि नव लेती।

[42]

ये जिस कर के रे झंकृत स्वर
गूँजते हुए इतने सुखकर,
खुलते, खोलते प्राण के स्तर भर जाते;
व्याकुल आलिंगन को, दुस्तर,
रागिनी की लहर, गिरि-वन-सर
तरती; जो ध्वनित, भाव सुन्दर कहलाते।

[43]

यों धीरे-धीरे उतर-उतर,
आया मन निज पहली स्थिति पर;
खोले दृग, वैसी ही प्रान्तर की रेखा;
विश्राम के लिए मित्र-प्रवर
बैठे थे ज्यों, बैठे पथ पर;
वह खड़ा हुआ, त्यों ही रहकर यह देखा।

[44]

फिर पंचतीर्थ को चढ़े सकल
गिरिमाला पर, हैं प्राण चपल
सन्दर्शन को, आतुर-पद चलकर पहुँचे।
फिर कोटितीर्थ देवांगनादि
लख सार्थक-श्रम हो विगत-व्याधि
नग्न-पद चले, कंटक, उपाधि भी, न कुँचे।

[45]

आये हनुमद्धारा द्रुततर,
झरता झरना वीर पर प्रखर,
लखकर कवि रहा भाव में भरकर क्षण-भर;
फिर उतरे गिरि, चल किया पार
पथ-पयस्विनी सरि मृदुल धार;
स्नानान्त, भजन, भोजन, विहार, गिरि-पदपर।

[46]

कामदगिरि का कर परिक्रमण
आये जानकी-कुण्ड सब जन;
फिर स्फटिकशिला, अनसूया-वन सरि-उद्गम,
फिर भरतकूप, रह इस प्रकार,
कुछ दिन सब जन कर वन-विहार
लौटे निज-निज गृह हृदय धार छवि निरुपम।

[47]

प्रेयसी के अलक नील, व्योम;
दृग-पल कलंक;-मुख मंजु, सोम;
नि:सृत प्रकाश जो, तरुण क्षोम प्रिय तन पर;
पुलकित प्रतिपल मानस-चकोर
देखता भूल दिक् उसी ओर;
कुल इच्छाओं का वही छोर जीवन-भर।

[48]

जिस शुचि प्रकाश का सौर-जगत्
रुचि-रुचि में खुला, असत् भी, सत्,
वह बँधा हुआ है एक महत् परिचय से;
अविनश्वर वही ज्ञान भीतर,
बाहर भ्रम, भ्रमरों को, भास्वर;
वह रत्नावली-सूत्रधर पर आशय से।

[49]

देखता, नवल चल दीप युगल
नयनों के, आभा के कोमल;
प्रेयसी के, प्रणय के, निस्तल विभ्रम के,
गृह की सीमा के स्वच्छभास-
भीतर के, बाहर के प्रकाश,
जीवन के, भावों के विलास, शम-दम के।

[50]

पर वही द्वन्द्व के भी कारण,
बन्ध की शृंखला के धारण,
निर्वाण के पथिक के वारण, करुणामय;
वे पलकों के उस पार, अर्थ
हो सका न, वे ऐसे समर्थ;
सारा विवाद हो गया व्यर्थ, जीवन-क्षय।

[51]

उस प्रियावरण प्रकाश में बँध,
सोचता, "सहज पड़ते पग सध;
शोभा को लिये ऊर्ध्व औ' अध घर बाहर,
यह विश्व, सूर्य, तारक-मण्डल,
दिन, पक्ष, मास, ऋतु, वर्ष चपल;
बँध गति-प्रकाश में बुद्ध सकल पूर्वापर।

[52]

"बन्ध के बिना, कह, कहाँ प्रगति?
गति-हीन जीव को कहाँ सुरति?
रति-रहित कहाँ सुख? केवल क्षति-केवल क्षति;
यह क्रम-विनाश; इससे चलकर
आता सत्वर मन निम्न उतर;
छूटता अन्त में चेतन स्तर, जाती मति।

[53]

''देखो प्रसून को वह उन्मुख!
रंग-रेणु-गन्ध भर व्याकुल-सुख,
देखता ज्योतिमुख; आया दुख पीड़ा सह।
चटका कलि का अवरोध सदल,
वह शोधशक्ति, जो गन्धोच्छल,
खुल पड़ती पल-प्रकाश को, चल परिचय वह।

[54]

''जिस तरह गन्ध से बँधा फूल,
फैलता दूर तक भी, समूल;
अप्रतिम प्रिया से, त्यों दुकूल-प्रतिमा में
मैं बँधा एक शुचि आलिंगन,
आकृति में निराकार, चुम्बन;
युक्त भी मुक्त यों आजीवन, लघिमा में।"

[55]

सोचता कौन प्रतिहत-चेतन-
वे नहीं प्रिया के नयन, नयन;
वह केवल वहाँ मीन-केतन, युवती में;
अपने वश में कर पुरुष-देश
है उड़ा रहा ध्वज-मुक्तकेश;
तरुणी-तनु आलम्बन-विशेष, पृथ्वी में?

[56]

वह ऐसी जो अनुकूल युक्ति,
जीव के भाव की नहीं मुक्ति;
वह एक भुक्ति, ज्यों मिली शुक्ति से मुक्ता;
जो ज्ञानदीप्ति वह दूर, अजर,
विश्व के प्राण के भी ऊपर;
माया वह, जो जीव से सुघर संयुक्ता।

[57]

मृत्तिका एक कर सार-ग्रहण
खुलते रहते बहुवर्ण, सुमन,
त्यों रत्नावली-हार में बँध मन चमका,
पाकर नयनों की ज्योति प्रखर,
ज्यों रविकर से श्यामल जलधर,
बहु वर्णों के भावों से भरकर दमका।

[58]

वह रत्नावली, नाम-शोभन
पति-रति में प्रतनु, अतः लोभन
अपरिचित-पुण्य अक्षय क्षोभन धन कोई;
प्रियकरालम्ब को सत्य-यष्टि;
प्रतिमा में श्रद्धा की समष्टि;
मायायन में प्रिय-शयन व्यष्टि भर सोयी;-

[59]

लखती ऊषारुण, मौन, राग,
सोते पति से वह रही जाग;
प्रेम के फाग में आग त्याग की तरुणा;
प्रिय के जड़ युग कूलों को भर
बहती ज्यों स्वर्गंगा सस्वर;
नश्वरता पर अलोक-सुघर दृक्-करुणा।

[60]

धीरे-धीरे वह हुआ पार
तारा द्युति से बँध अन्धकार;
एक दिन बिदा को बन्धु द्वार पर आया;
लख रत्नावली खुली सहास;
अवरोध-रहित बढ़, गयी पास;
बोला भाई, ''हँसती उदास तू छाया-

[61]

"हो गयी रतन, कितनी दुर्बल,
चिन्ता में बहन, गयी तू गल?
माँ, बापूजी, भाभियाँ सकल पड़ोस की
हैं विकल देखने को सत्वर;
सहेलियाँ सब, ताने देकर;
कहती हैं, बेचा वर के कर, आ न सकी!

[62]

"तुझसे पीछे भेजी जाकर
आयीं वे कई बार नैहर;
पर तुझे भेजते क्यों श्रीवरजी डरते?
हम कई बार आ-आकर घर
लौटे पाकर झूठे उत्तर;
क्यों बहन, नहीं तू'सम, उन पर बल करते?

[63]

"आँसुओं भरी माँ दुख के स्वर
बोलीं, रतन से कहो जाकर,
क्या नहीं मोह कुछ माता पर अब तुमको?
जामाताजी वाली ममता
माँ से तो पाती उत्तमता।
बोले बापू, योगी रमता मैं अब तो-

[64]

"कुछ ही दिन को हूँ कूल-द्रुम;
छू लूँ पद फिर कह देना तुम।
बोली भाभी, लाना कुंकुम-शोभा को;
फिर किया अनावश्यक प्रलाप,
जिसमें जैसी स्नेह की छाप!
पर अकथनीय करुणा-विलाप जो माँ को।

[65]

'हम बिना तुम्हारे आये घर,
गाँव की दृष्टि से गये उतर;
क्यों बहन, ब्याह हो जाने पर, घर पहला
केवल कहने को है नैहर?-
दे सकता नहीं स्नेह-आदर?-
पूजे पद, हम इसलिए अपर?" उर दहला

[66]

उस प्रतिमा का, आया तब खुल
मर्यादागर्भित धर्म विपुल,
धुल अश्रु-धार से हुई अतुल छवि पावन,
वह घेर-घेर निस्सीम गगन
उमड़े भावों के घन पर घन,
फैला, ढक सघन स्नेह-उपवन, यह सावन।

[67]

बोली वह, मृदु-गम्भीर-घोष,
"मैं साथ तुम्हारे, करो तोष।"
जिस पृथ्वी से निकली सदोष वह सीता,
अंक में उसी के आज लीन-
निज मर्यादा पर समासीन;
दे गयी सुहद् को स्नेह-क्षीण गत गीता।

[68]

बोला भाई, "तो चलो अभी,
अन्यथा, न होंगे सफल कभी
हम, उनके आ जाने पर, जी यह कहता।
जब लौटें वह, हम करें पार
राजापुर के ये मार्ग, द्वार।"
चल दी प्रतिमा। घर अन्धकार अब बहता।

[69]

लेते सौदा जब खड़े हाट,
तुलसी के मन आया उचाट,
सोचा, अबके किस घाट उतारें इनके;
जब देखो, तब द्वार पर खड़े,
उधार लाये हम, चले बड़े!
दे दिया दान तो अड़े पड़े अब किनको?

[70]

सामग्री ले लौटे जब घर,
देखा नीलम-सोपानों पर
नभ के, चढ़ती आभा सुन्दर पग धर-धर;
श्वेत, श्याम, रक्त, पराग-पीत,
अपने सुख से ज्यों सुमन भीत;
गाती यमुना नृत्यपर, गीत कल-कल स्वर।

[71]

देखा, वह नहीं प्रिया, जीवन;
नत-नयन भवन, विषण्ण आँगन;
आवरण शून्य वे बिना वरण-मधुरा के
अपहृत-श्री, सुख-स्नेह का सद्म,
निःसुरभि, हंत हेमन्त-पद्म!
नैतिक-नीरस, निष्प्रीति, छद्म ज्यों, पाते।

[72]

यह नहीं आज गृह, छाया-उर,
गीति से प्रिया की मुखर मधुर;
गति-नृत्य, तालशिंजित-नूपुर चरणारुण;
व्यंजित नयनों का भाव सघन
भर रंजित जो करता क्षण-क्षण;
कहता कोई मन से, उन्मन, सुन रे, सुन।

[73]

वह आज हो गयी दूर तान,
इसलिए मधुर वह और गान,
सुनने को व्याकुल हुए प्राण प्रियतम के;
छूटा जग का व्यवहार-ज्ञान,
पग उठे उसी मग को अजान,
कुल-मान-ध्यान श्लथ स्नेह-दान-सक्षम से।

[74]

मग में पिक-कुहरित डाल-डाल,
हैं हरित विटप सब सुमन-माल,
हिलतीं लतिकाएँ ताल-ताल पर सस्मित।
पड़ता उन पर ज्योतिः प्रपात,
हैं चमक रहे सब कनक-गात,
बहती मधु-धीर समीर ज्ञात, आलिंगित।

[75]

धूसरित बाल-दल, पुण्य-रेणु,
लख चारण-वारण-चपल धेनु,
आ गयी याद उस मधुर-वेणु-वादन की;
वह यमुना-तट, वह वृन्दावन,
चपलानन्दित यह सघन गगन;
गोपी-जन-यौवन-मोहन-तन वह वन-श्री।

[76]

सुनते सुख की वंशी के सुर,
पहुँचे रत्नधर रमा के पुर;
लख सादर, उठी समाज श्वशुर-परिजन की;
बैठाया देकर मान-पान;
कुछ जन बतलाये कान-कान;
सुन बोली भाभी, यह पहचान रतन की!

[77]

जल गये व्यंग्य से सकल अंग,
चमकी चल-दृग ज्वाला-तरंग,
पर रही मौन धर अप्रसंग वह बाला;
पति की इस मति-गति से मरकर,
उर की उर में ज्यों, ताप-क्षर,
रह गयी सुरभि की म्लान-अधर वर-माला।

[78]

बोली मन में होकर अक्षम,
रखो, मर्यादा पुरुषोत्तम!
लाज का आज भूषण, अक्लम, नारी का;
खींचता छोर, यह कौन और
पैठा उनमें जो अधम चौर?
खुलता अब अंचल, नाथ, पौर साड़ी का!

[79]

कुछ काल रहा यों स्तब्ध भवन,
ज्यों आँधी के उठने का क्षण;
प्रिय श्रीवरजी को जिवाँ शयन करने को
ले चली साथ भावज हरती
निज प्रियालाप से वश करती,
वह मधु-शीकर निर्झर झरती झरने को।

[80]

जेंए फिर चल गृह के सब जन,
फिर लौटे निज-निज कक्ष शयन;
प्रिय-नयनों में बँध प्रिया-नयन चयनोत्कल
पलकों से स्फारित, स्फुरित-राग,
सुनहला भरे पहला सुहाग,
रग-रग से रंग रे रहे जाग स्वप्नोत्पल।

[81]

कवि-रुचि में घिर छलकता रुचिर,
जो, न था भाव वह छवि का स्थिर-
बहती उलटी ही आज रुधिर-धारा वह,
लख-लख प्रियतम-मुख पूर्ण-इन्दु
लहराया जो उर मधुर सिन्धु,
विपरीत, ज्वार, जल-विन्दु-विन्दु द्वारा वह।

[82]

अस्तु रे, विवश, मारुत-प्रेरित,
पर्वत-समीप आकर ज्यों स्थित
घन-नीलालका दामिनी जित ललना वह;
उन्मुक्त-गुच्छ चक्रांक पुच्छ,
लख नर्तित कवि शिखि-मन समुच्च
वह जीवन की समझा न तुच्छ छलना वह।

[83]

बिखरी छूटीं शफरी-अलकें,
निष्पात नयन-नीरज पलकें,
भावातुर पृथु उर की छलकें उपशमिता,
निःसम्बल केवल ध्यान-मग्न,
जागी योगिनी अरूप-लग्न,
वह खड़ी शीर्ण प्रिय-भाव-मग्न निरुपमिता।

[84]

कुछ समय अनन्तर, स्थित रहकर,
स्वर्गीयाभा वह स्वरित प्रखर
स्वर में झर-झर जीवन भरकर ज्यों बोली;
अचपल ध्वनि की चमकी चपला,
बल की महिमा बोली अबला,
जागी जल पर कमला, अमला मति डोली-

[85]

"धिक! धाये तुम यों अनाहूत,
धो दिया श्रेष्ठ कुल-धर्म धूत,
राम के नहीं, काम के सूत कहलाये!
हो बिके जहाँ तुम बिना दाम,
वह नहीं और कुछ-हाड़, चाम!
कैसी शिक्षा, कैसे विराम पर आये!"

[86]

जागा, जागा संस्कार प्रबल,
रे गया काम तत्क्षण वह जल,
देखा, वामा, वह न थी, अनल-प्रतिमा वह;
इस ओर ज्ञान, उस ओर ज्ञान
हो गया भस्म वह प्रथम भान,
छूटा जग का जो रहा ध्यान, जड़िमा वह।

[87]

देखा, शारदा नील-वसना
हैं सम्मुख स्वयं सृष्टि-रशना,
जीवन-समीर-शुचि-निःश्वसना, वरदात्री,
वाणी वह स्वयं सुवादित स्वर
फूटीं तर अमृताक्षर-निर्झर,
यह विश्व हंस, हैं चरण सुघर जिस पर श्री।

[88]

दृष्टि से भारती से बँधकर
कवि उठता हुआ चला ऊपर;
केवल अम्बर-केवल अम्बर फिर देखा;
धूमायमान वह घूर्ण्य प्रसर
धूसर समुद्र शशि-ताराहर,
सूझता नहीं क्या ऊर्ध्व, अधर, क्षर रेखा।

[89]

चमकी तब तक तारा नवीन,
द्युति-नील-नील, जिसमें विलीन
हो गयीं भारती, रूप-क्षीण महिमा अब;
आभा भी क्रमशः हुई मन्द,
निस्तब्धव्योम-गति-रहित छन्द;
आनन्द रहा, मिट गये द्वन्द्व, बन्धन सब।

[90]

थे मुँदे नयन, ज्ञानोन्मीलित,
कलि में सौरभ ज्यों, चित में स्थित;
अपनी असीमता में अवसित प्राणाशय;
जिस कलिका में कवि रहा बन्द,
वह आज उसी में खुली मन्द,
भारती-रूप में सुरभि-छन्द निष्प्रश्रय।

[91]

जब आया फिर देहात्मबोध,
बाहर चलने का हुआ शोध,
रह निर्विरोध, गति हुई रोध-प्रतिकूला,
खोलती मृदुल दल बन्द सकल
गुदगुदा विपुल धारा अविचल
बह चली सुरभि की ज्यों उत्कल, निःशूला-

[92]

बाजीं बहती लहरें कलकल,
जागे भावाकुल शब्दोच्छल,
गूँजा जग का कानन-मण्डल, पर्वत-तल;
सूना उर ऋषियों का ऊना
सुनता स्वर, हो हर्षित, दूना,
आसुर भावों से जो भूना, था निश्चल।

[93]

''जागो, जागो, आया प्रभात,
बीती वह, बीती अन्ध रात,
झरता भर ज्योतिर्मय प्रपात पूर्वांचल;
बाँधो, बाँधो किरणें चेतन,
तेजस्वी, हे तमजिज्जीवन;
आती भारत की ज्योतिर्धन महिमाबल।

[94]

''होगा फिर से दुर्धर्ष समर
जड़ से चेतन का निशिवासर,
कवि का प्रति छवि से जीवनहर, जीवन-भर;
भारती इधर, हैं उधर सकल
जड़ जीवन के संचित कौशल;
जय, इधर ईश, हैं उधर सबल माया-कर।

[95]

"हो रहे आज जो खिन्न-खिन्न
छुट-छुटकर दल से भिन्न-भिन्न
यह अकल-कला, गह सकल छिन्न, जोड़ेगी,
रवि-कर ज्यों विन्दु-विन्दु जीवन
संचित कर करता है वर्षण,
लहरा भव-पादप, मर्षण-मन मोड़ेगी।

[96]

"देश-काल के शर से बिंधकर
यह जागा कवि अशेष-छविधर
इनका स्वर भर भारती मुखर होयेंगी;
निश्चेतन, निज तन मिला विकल,
छलका शत-शत कल्मष के छल
बहतीं जो, वे रागिनी सकल सोयेंगी।

[97]

"तम के अमार्ज्य रे तार-तार
जो, उन पर पड़ी प्रकाश-धार;
जग-वीणा के स्वर के बहार रे, जागो;
इस कर अपने कारुणिक प्राण
कर लो समक्ष देदीप्यमान-
दे गीत विश्व को रुको, दान फिर माँगो।"

[98]

क्या हुआ कहाँ, कुछ नहीं सुना,
कवि ने निज मन भाव में गुना,
साधना जगी केवल अधुना प्राणों की,
देखा सामने, मूर्ति छल-छल
नयनों में छलक रही अचपल,
उपमिता न हुई समुच्च सकल तानों की।

[99]

जगमग जीवन का अन्त्य भाष-
"जो दिया मुझे तुमने प्रकाश,
अब रहा नहीं लेशावकाश रहने का
मेरा उससे गृह के भीतर;
देखूँगा नहीं कभी फिरकर
लेता मैं, जो वर जीवन-भर बहने का।"

[100]

चल मन्दचरण आये बाहर,
उर में परिचित वह मूर्ति सुघर
जागी विश्वाश्रय महिमाधर, फिर देखा-
संकुचित, खोलती श्वेत पटल
बदली, कमला तिरती सुख-जल,
प्राची-दिगन्त-उर में पुष्कल रवि-रेखा।

❒

महाराज शिवाजी का पत्र*

(मिर्ज़ा राजा जयसिंह के नाम)

वीर! सरदारों के सरदार!–महाराज!
बहु–जाति, क्यारियों के पुष्प–पत्र–दल–भरे
आन–बान शानवाले भारत–उद्यान के
नायक हो, रक्षक हो,
वासन्ती सुरभि को हृदय से हरकर
दिगन्त भरनेवाला पवन ज्यों।
वंशज हो–चेतन अमल अंश,
हृदयाधिकारी रवि–कुल–मणि रघुनाथ के।

किन्तु हाय! वीर राजपूतों की
गौरव प्रलम्ब ग्रीवा
अवनत हो रही है आज तुमसे महाराज,
मुगल–दल–विगलित–बल
हो रहे हैं राजपूत,
बाबर के वंश की
देखो आज राजलक्ष्मी
प्रखर से प्रखरतर प्रखरतम दिखती

* 'श्रीकृष्ण संदेश' में शिवाजी के पत्र का गद्य में छपा हुआ अनुवाद पढ़कर उसे स्वच्छन्द–छन्द में पद्यबद्ध करने की मुझे लालसा हुई। पत्र के भावों पर मैंने स्वयं भी अर्थों के अनुसार कल्पना की है। इसलिए आकार कुछ बढ़ गया है। –लेखक

दुपहर की धूप-सी,
दुर्मद ज्यों सिन्धुनद,
और तुम उसके साथ
वर्षा की बाढ़ ज्यों
भरते हो प्रबल वेग प्लावन का,
बहता है देश निज-
धन-जन-कुटुम्ब-भाई-
अपने सहोदर-मित्र-
निस्सहाय, त्रस्त भी उपाय शून्य!
वीरता की गोद पर
मोद भरनेवाले शूर तुम,
मेधा के महान,
राजनीति में हो अद्वितीय जयसिंह
सेवा हो स्वीकृत-
है नमस्कार, साथ ही
आसीस है बार-बार।
कारण संसार के विश्वरूप,
तुम पर प्रसन्न हों,
हृदय की आँखें दें,
देखो तुम न्याय-मार्ग।
सुना है मैंने, तुम
सेना से पाट दक्षिणा-पथ को
आये हो मुझ पर चढ़ाई कर,
जय-श्री, जयसिंह!
मुगल-सिंहासन के-
औरंग के पैरों के
नीचे तुम रखोगे,

काढ़ देना चाहते हो दक्षिण के प्राण-
मुगलों को तुम जीवदान,
काढ़ हिन्दुओं का हृदय,
सदय ऐसे! कीर्ति से
जाओगे अपनी पताका ले।

हाय री यशोलिप्सा!
अन्धे की दिवस तू-
अन्धकार रात्रि-सी।
लपट में झपट
प्यासों मरनेवाले
मृग की मरीचिका है।
चेतो वीर, हो अधीर जिसके लिए,
अमृत नहीं, गरल है-
अति कटु हलाहल है;
कीर्ति-शोणिमा में यह
कालिमा कलंक की
दिखती है छिपी हुई-
काला कर देगी मुख,
देश होगा विगत-सुख, विमुख भी,
धर्म को सहेगा नहीं
इतना यह अत्याचार,
करो, कुछ विचार,
तुम देखो वस्त्रों की ओर,
शराबोर किसके खून से ये हुए?
लालिमा क्या है कहीं कुछ?
भ्रम है वह,
सत्य कालिमा ही है।
दोनों लोक कहेंगे,
होता तू जानदार,
हिन्दुओं पर हरगिज तू
कर न सकता प्रहार।
अगर निज नाम से,
बाहुबल से, चढ़कर
तुम आते कहीं दक्षिण में
विजय के लिए वीर,
पत्र-से प्रभात के
इन नयन-पलकों को
राह पर तुम्हारी मैं

सुख से बिछा देता-
शीश भी झुका देता सेवा में
साथ भी होता वीर,
रक्षक शरीर का, हमरकाब,
साथ लेता सेना निज,
सागराम्बरा भूमि
क्षत्रियों की जीतकर,
विजय सिंहासन-श्री
सौंपता ला तुम्हें मैं-
स्मृति-सी निज प्रेम की।
किन्तु तुम आये नहीं अपने लिए,
आये हो, औरंगशाह को
देने मृदु अंग निज काटकर।
धोखा दिया है यह
उसने तुम्हें क्या ही!-
दगाबाज, लाज जो उतारता है
मरजादवालों की,
खूब बहकाया तुम्हें!
सोचता हूँ अपना कर्तव्य अब-
देश का उद्देश,
पर, क्या करूँ मैं,
निश्चय कुछ होता नहीं-
द्विधा में पड़े हैं प्राण।
अगर मैं मिलता हूँ
"डरकर मिला है"
यह शत्रु मेरे कहेंगे।-
नहीं यह मर्दानगी।
समय की बाट कभी
जोहते नहीं हैं पुरुष-
पुरुषकार उपहार में है संयोग से
जिन्हें मिला-
सिंह भी क्या स्वाँग कभी
करता है स्यार का?

क्या कहूँ मैं,
लूँ गर तलवार,
तो धार पर बहेगा खून
दोनों ओर हिन्दुओं का, अपना ही।
उठता नहीं है हाथ
मेरा कभी नरनाथ,
देख हिन्दुओं को ही
रण में-विपक्ष में।
हाय री दासता!
पेट के लिए ही-
लड़ते हैं भाई-भाई-
कोई तुम ऐसा भी कीर्तिकामी।
वीरवर! समर में
धर्म-घातकों से ही खेलती है रण-क्रीड़ा
मेरी तलवार, निकल म्यान से।
आये होते कहीं
तुर्क इस समर में,
तो क्या, शेरमर्दों के
वे शिकार आये होते।
किन्तु हाय!
न्याय-धर्म-वंचित वह
पापी औरंगजेब-
राक्षस निरा जो नर-रूप का,
समझ लिया खूब जब
दाल है गली नहीं
अफजलखाँ के द्वारा,
कुछ न बिगाड़ सका
शाइश्तः खान आकर,
शीश पर तुम्हारे तब
सेहरा समर का बाँध
भेजा है फतहयाब होने को दक्षिण में।
शक्ति उसे है नहीं
चोटें सहने की यहाँ

वीर शेरमर्दों की।
सोचो तुम,
उठती जब नग्न तलवार है स्वतन्त्रता की,
कितने ही भावों से
याद दिला घोर दुःख दारुण परतन्त्रता का,
फूँकती स्वतन्त्रता निज मन्त्र से
जब व्याकुल कान,
कौन वह सुमेरु
रेणु-रेणु जो न हो जाय?
इसीलिए दुर्जय है हमारी शक्ति!
और भी-
तुम्हें यहाँ भेजा जो,
कारण क्या रण का?
एक यही निस्सन्देह,
हिन्दुओं में बलवान
एक भी न रह जाय।
लुप्त हो हमारी शक्ति
तुर्कों के विजय की।
आपस में लड़कर
हो घायल मरेंगे सिंह,
जंगल में गीदड़ ही
गीदड़ रह जायेंगे-
भोगेंगे राज्य-सुख।
गुप्त भेद एकमात्र
है यही औरंग का,
समझो तुम,
बुद्धि में इतना भी नहीं पैठता?
जादू के मारे, हाय
हारे तुम बुद्धि भी?
समझो कि कैसा बहकाया है?
मिला है तुम्हें
गन्ध-व्याकुल-समीर-मन्द-स्पर्श सरस,
साथ मरुभूमि में

सेना के संग तुम
झुलस भी चुके हो खूब
लू के तप्त झोंकों में।
सुख और दुःख के
कितने ही चित्र तुम देख चुके।
फूलों की सेज पर सोये हो,
काँटों की राह भी
आह भर पार की।
काफ़ी ज्ञान, वयोवृद्ध!
पाया है तुमने संसार का।
सोचो ज़रा
क्या तुम्हें उचित है कभी
लोहा लो अपने ही भाइयों से?
अपने ही खून की
अंजलि दो पूर्वजों को,
धर्म-जाति के ही लिए
दिये हों जिन्होंने प्राण-
कैसा यह ज्ञान है!
धीमान् कहते हैं तुम्हें लोग
जयसिंह सिंह हो तुम,
खेलों शिकार खूब हिरनों का,
याद रहे-
शेर कभी मारता नहीं है शेर,
केसरी
अन्य वन्य पशुओं का शिकार करता है।
सिंहों के साथ ही चाहते हो गृह-कलह?-
जयसिंह?
अगर हो शानदार,
जानदार है यदि अश्व वेगवान्,
बाहुओं में बहता है
क्षत्रियों का खून यदि,
हृदय में जागती है वीर, यदि
माता क्षत्राणी की दिव्य मूर्ति,

स्फूर्ति यदि अंग-अंग को है उकसा रही,
आ रही है याद यदि अपनी मरजाद की,
चाहते हो यदि कुछ प्रतिकार
तुम रहते तलवार के म्यान में,
आओ वीर, स्वागत है,
सादर बुलाता हूँ।
हैं जो बहादुर समर के,
वे मरके भी
माता को बचायेंगे।
शत्रुओं के खून से
धो सके यदि एक भी तुम माँ का दाग,
कितना अनुराग देशवासियों का पाओगे!-
निर्जर हो जाओगे-
अमर कहलाओगे,
क्या फल है
बाहुबल से, छल से या कौशल से
करके अधिकार किसी
भीरु पीनोरु नतनयना नवयौवना पर,
सौंपो यदि भय से उसे
दूसरे कामातुर किसी
लोलुप प्रतिद्वन्द्वी को?
देख क्या सकोगे तुम
पमाने तुम्हारे ही
अर्जित तुम्हारी उस
प्यारी सम्पत्ति पर,
प्राप्त करे दूसरा ही
भोग-संयोग निज, आँख दिखा,
और तुम वीर हो?
रहते तूणीर में तीर, अहो,
छोड़ा कब क्षत्रियों ने अपना भाग?-
रहते प्राण-कटि में कृपाण के?
सुना नहीं तुमने क्या वीरों का इतिहास?
पास ही तो-देखो,

क्या कहता चित्तौड़-गढ़?
मढ़ गये ऐसे तुम तुर्कों में?
करते अभिमान भी किन पर-
विदेशियों-विधर्मियों पर?
काफ़िर तो कहते न होंगे कभी तुम्हें वे?
विजित भी न होगे तुम औ' गुलाम भी नहीं?
कैसा परिणाम यह सेवा का!-
लोभ भी न होगा तुम्हें मेवा का महाराज!
बादल घिर आये जो विपत्तियों के क्षत्रियों पर,
रहती सदा ही जो आपदा,
क्या कभी कोशिश भी की कोई
तुमने बचाने की?
जानते हो,
वीर छत्रसाल पर
होगा मुगलों का
बहुत शीघ्र ही वज्र-प्रहार।
दूसरे भी मलते हैं हाथ,
हैं अनाथ हिन्दू,
असहनीय हो रहा है अत्याचार।
सच है मुगलों से
सम्बन्ध हुआ है तुम्हारा
किन्तु क्या अन्ध भी तुम हो गये?
राक्षस पर रखते हो
नीति का भरोसा तुम,
तृष्णा, स्वार्थ-साधना है जिसकी-
निज भाई के खून से,
प्राणों से पिता के
जो शक्तिमान् है हुआ?
जानते नहीं हो तुम?
आड़ राजभक्ति की
लेना है इष्ट यदि,
सोचो तुम,
शाहजहाँ से तुमने कैसा बर्ताव किया।

दी है विधाता ने
बुद्धि यदि तुम्हें कुछ-
वंश का बचा हुआ
यदि कुछ पुरुषत्व है-
तत्त्व है,
तपा तलवार
सन्ताप से निज जन्म-भू के
दुखियों के आँसुओं से
उस पर तुम पानी दो।
अवसर नहीं है यह
लड़ने का आपस में
खाली मैदान पड़ा हिन्दुओं का महाराज,
बलिदान चाहती है जन्म-भूमि,
खेलोगे जान ले हथेली पर?
धन-जन-देवालय
देव-देश-द्विज-दारा-बन्धु
इन्धन हैं हो रहे तृष्णा की भट्ठी में-
हद है अब हो चुकी।
और भी कुछ दिनों तक
जारी रहा ऐसा यदि अत्याचार, महाराज,
निश्चय है, हिन्दुओं की
कीर्ति उठ जायेगी-
चिह्न भी न हिन्दू-सभ्यता का रह जायेगा।
कितना आश्चर्य है!
मुट्ठी-भर मुसलमान
पले आतंक से हैं
भारत के अंक पर।
अपनी प्रभुता में
हैं मानते इस देश को,
विशृंखल तुम-सा यह हो रहा।
देखते नहीं हो क्या,
कैसी चाल चलता है रण में औरंगजेब?
बहुरूपी, रंग बदला ही किया।

साँकलें हमारी हैं
जकड़ रहा है वह जिनसे हिन्दुओं के पैर।
हिन्दुओं के काटता है शीश
हिन्दुओं की तलवार ले।
याद रहे,
बरबाद जाता है हिन्दू-धर्म, हिन्दुस्तान।
मरजाद चाहती है आत्मत्याग-
शक्ति चाहती है अपनाव, प्रेम।
क्षिप्त हो रहे हैं जो
खण्डशः क्षीण, क्षीणतर हुए-
आप ही हैं अपनी
सीमा के राजराजेश्वर,
भाइयों के शेर और क्रीतदास तुर्कों के,
उद्धत विवेक-शून्य,
चाहिए उन्हें कि रूप अपना वे पहचानें,
मिल जायें जल से ज्यों जलराशि,
देखो फिर
तुर्क-शक्ति कितनी देर टिकती है।
संगठित हो जाओ-
आओ, बाहुओं में भर
भूले हुए भाइयों को,
अपनाओ अपना आदर्श तुम।
चाहिए हमें कि
तदबीर औ'तलवार पर
पानी चढ़ावें खूब,
क्षत्रियों की क्षिप्त शक्ति
कर लें एकत्र फिर,
बादल के दल मिलकर
घेरते धरा को ज्यों,
प्लावित करते हैं
निज जीवन से जीवों को।
ईंट का जवाब हमें
पत्थर से देना है,

तुर्कों को तुर्की में,
घूँसे से थप्पड़ का।

यदि तुम मिल जाओ महाराज जसवन्तसिंह से,
हृदय से कलुष धो डालो यदि,
एकता के सूत्र में
यदि तुम गुँथो फिर महाराज राजसिंह से,
निश्चय है,
हिन्दुओं की लुप्त कीर्ति
फिर से जग जायगी,
आयेगी महाराज
भारत की गयी ज्योति,
प्राची के भाल पर
स्वर्ण-सूर्योदय होगा,
तिमिर-आवरण
फट जायेगा मिहिर से
भीति-उत्पात सब रात के दूर होंगे।
घेर लो सब कोई,
शेर कुछ है नहीं वह,
मुट्ठी-भर उसके सहायक हैं,
दबकर पिस जायेंगे।
शत्रु को मौका न दो
अरे, कितना समझाऊँ मैं?
तुमने ही रेणु को सुमेरु बना रखा है।
महाराज!
नीच कामनाओं को
सींचने के ही लिये
पल्लवित विष-वल्लरी को करने के हेतु,
मुगलों की दासता के
पाश मालाएँ हैं
फूलों की आज तुम्हें।
छोड़ो यह हीनता,
साँप आस्तीन का

फेंको दूर,
मिलो भाइयों से,
व्याधि भारत की छूट जाय।
बँधे हो बहा दो न
मुक्त तरंगों में प्राण,
मान, धन, अपनापन,
कब तक तुम तट के निकट
खड़े हुए चुपचाप
प्रखर उत्ताप के फूल-से रहोगे म्लान,
मृतक, निष्प्राण, जड़।
टूट पड़ो-बह जाओ-
दूर तक फैलाओ अपनी श्री, अपना रंग,
अपना रूप, अपना राग।
व्यक्तिगत भेद ने
छीन ली हमारी शक्ति।
कर्षण-विकर्षण-भाव
जारी रहेगा यदि
इसी तरह आपस में,
नीचों के साथ यदि
उच्च जातियों की घृणा
द्वन्द्व, कलह, वैमनस्य,
क्षुद्र ऊर्मियों की तरह
टक्करें लेते रहे तो
निश्चय है,
वेग उन तरंगों का
और घट जायेगा-
क्षुद्र से वे क्षुद्रतर होकर मिट जायेंगी,
चंचलता शान्त होगी,
स्वप्न-सा विलीन हो जायेगा अस्तित्व सब,
दूसरी ही कोई तरंग फिर फैलेगी।
चाहते हो क्या तुम
सनातन-धर्म-धारा शुद्ध
भारत से बह जाय चिरकाल के लिए?

महाराज!
जितनी विरोधी शक्तियों से,
हम लड़ रहे हैं आपस में,
सच मानो खर्च है यह
शक्तियों का व्यर्थ ही।
मिथ्या नहीं,
रहती है जीवों में विरोधी शक्ति,
पिता से पुत्र का,
पति का सहधर्मिणी से
जारी सदा ही है कर्षण-विकर्षण-भाव
और यही जीवन है-सत्ता है,
किन्तु तो भी
कर्षण बलवान है
जब तक मिले हैं वे आपस में-
जब तक सम्बन्ध का ज्ञान है-
जब तक वे हँसते हैं
रोते हैं एक-दूसरे के लिए।
एक-एक कर्षण में
बँधा हुआ चलता है
एक-एक छोटा परिवार
और उतनी ही सीमा में
बँधा है अगाध प्रेम-
धर्म-भाषा-वेश का,
और है विकर्षणमय
सारा संसार हिन्दुओं के लिए!
धोखा है अपनी ही छाया से!
ठगते वे अपने ही भाइयों को,
लूटकर उन्हें ही वे भरते हैं अपना घर।
सुख की छाया में फिर रहते निश्चिन्त हो
स्वप्न में भिखारी ज्यों।
मृत्यु का क्या और कोई होगा रूप?
सोचो कि कितनी नीचता है आज
हिन्दुओं में फैली हुई।

और यदि एकीभूत शक्तियों से एक ही
बन जाय परिवार,
फैले संवेदना,
एक ओर हिन्दू एक ओर मुसलमान हों,
व्यक्ति का खिंचाव यदि जातिगत हो जाय,
देखो परिणाम फिर,
स्थिर न रहेंगे पैर यवनों के
पस्त हौसला होगा-
ध्वस्त होगा साम्राज्य।
जितने विचार आज
मारते तरंगें हैं
साम्राज्यवादियों की भोग-वासनाओं में,
नष्ट होंगे चिरकाल के लिए।
आयेगी भाल पर
भारत की गयी ज्योति,
हिन्दुस्तान मुक्त होगा घोर अपमान से,
दासता के पाश कट जायेंगे।
मिलो राजपूतों से,
घेरों तुम दिल्ली-गढ़,
तब तक मैं दोनों सुलतानों को देख लूँ।
सेना घनघटा-सी,
मेरे वीर सरदार
घेरेंगे गोलकुण्डा, बीजापुर,
चमकेंगे खड्ग सब
विद्युद्द्युति बार-बार,
खून की पियेंगी धार
संगिनी सहेलियाँ भवानी की,
धन्य हूँगा, देव-द्विज-देश को
सौंप सर्वस्व निज।

❐

यमुना के प्रति

स्वप्नों-सी उन किन आँखों की
पल्लव-छाया में अम्लान
यौवन की माया-सा आया
मोहन का सम्मोहन ध्यान?

गन्धलुब्ध किन अलिबालों के
मुग्ध हृदय का मृदु गुंजार
तेरे दृग-कुसुमों की सुषमा
जाँच रहा है वारम्वार?

यमुने, तेरी इन लहरों में
किन अधरों की आकुल तान
पथिक-प्रिया-सी जगा रही है
उस अतीत के नीरव गान?

बता, कहाँ अब वह वंशीवट?
कहाँ गये नटनागर श्याम?
चल-चरणों का व्याकुल पनघट
कहाँ आज वह वृन्दाधाम

कभी यहाँ देखे थे जिनके
श्याम-विरह से तप्त शरीर,
किस विनोद की तृषित गोद में
आज पोंछतीं वे दृग-नीर?

रंजित सहज सरल चितवन में
उत्कण्ठित सखियों का प्यार
क्या आँसू-सा ढुलक गया वह
विरह-विधुर उर का उद्‌गार?

तू किस विस्मृत की वीणा से
उठ-उठकर कातर झंकार
उत्सुकता से उकता-उकता
खोल रही स्मृति के दृढ़ द्वार?

अलस प्रेयसी-सी स्वप्नों में
प्रिय की शिथिल सेज के पास
लघु लहरों के मधुर स्वरों में
किस अतीत का गूढ़ विलास?

उर-उर में नूपुर की ध्वनि-सी
मादकता की तरल तरंग
विचर रही है मौन पवन में
यमुने, किस अतीत के संग?

किस अतीत का दुर्जन जीवन
अपनी अलकों में सुकुमार
कनक-पुष्प-सा गूँथ लिया है-
किसका है यह रूप अपार?

निर्निमेष नयनों में छाया
किस विस्मृति-मदिरा का राग
जो अब तक पुलकित पलकों से
छलक रहा यह विपुल सुहाग?

मुक्त हृदय के सिंहासन पर
किस अतीत के ये सम्राट
दीप रहे जिनके मस्तक पर
रवि-शशि-तारे-विश्व-विराट?

निखिल विश्व की जिज्ञासा-सी
आशा की तू झलक, अमन्द
अन्तःपुर की निज शय्या पर
रच-रच मृदु छन्दों के बन्द

किस अतीत के स्नेह-सुहृद को
अर्पण करती तू निज ध्यान-
ताल-ताल के कम्पन से द्रुत
बहते हैं ये किसके गान?

विहगों की निद्रा से नीरव
कानन के संगीत अपार,
किस अतीत के स्वप्न-लोक में
करते हैं मृदु-पद-संचार?

मुग्धा के लज्जित पलकों पर
तू यौवन की छवि अज्ञात,
आँख-मिचौनी खेल रही है
किस अतीत शिशुता के साथ?

किस अतीत सागर-संगम को
बहते खोल हृदय के द्वार
वोहित के हित सरल अनिल-से
नयन-सलिल के स्रोत अपार?

उस सलज्ज ज्योत्स्ना-सुहाग की
फेनिल शय्या पर सुकुमार,
उत्सुक, किस अभिसार निशा में
गयी कौन स्वप्निल पर मार?

उठ-उठकर अतीत-विस्मृति से
किसकी स्मिति यह-किसका प्यार,
तेरे श्याम कपोलों में खुल
कर जाती है चकित विहार?

जीवन की इस सरस सुरा में,
कह, यह किसका मादक राग
फूट पड़ा तेरी ममता में
जिसकी समता का अनुराग?

किन नियमों के निर्मम बन्धन
जग की संसृति का परिहास
कर बन जाते करुणा-क्रन्दन?-
कह, वे किसके निर्दय पाश?

कलियों की मुद्रित पलकों में
सिसक रही जो गन्ध अधीर
जिसकी आतुर दुख-गाथा पर
ढुलकाते पल्लव-दृग नीर,

बता, करुणा-कर-किरण बढ़ाकर
स्वप्नों का सचित्र संसार
आँसू पोंछ दिखाया किसने
जगती का रहस्यमय द्वार?

जागृति के नव इस जीवन में
किस छाया का माया-मन्त्र
गूँज-गूँज मृदु खींच रहा है
अति, दुर्बल जन का मन-यन्त्र

अलि-अलकों के तरल तिमिर में
किसकी लोल लहर अज्ञात
जिसके गूढ़ मर्म में निश्चित
शशि-सा मुख, ज्योत्स्ना-सी गात?

कह, सोया किस खंजन-वन में
उन नयनों का अंजन-राग?
बिखर गये अब किन पातों में
वे कदम्ब-मुख-स्वर्ण-पराग?

चमक रहे अब किन तारों में
उन हीरों के मुक्ता-हीर?
बजते हैं उन किन चरणों में
अब अधीर नूपुर-मंजीर?

किस समीर से काँप रही वह
वंशी की स्वर-सरित-हिलोर?
किस वितान से तनी प्राण तक
छू जाती वह करुण मरोर?

खींच रही किस आशा-पथ पर
यौवन की वह प्रथम पुकार?
सींच रही लालसा-लता निज
किस कंकण की मृदु झंकार?

उमड़ चला है कह किस तट पर
क्षुब्ध प्रेम का पारावार?
किसकी विकच वीचि-चितवन पर
अब होता निर्भय अभिसार?

भटक रहे हैं किसके मृग-दृग?
बैठी पथ पर कौन निराश?-
मारी मरु-मरीचिका की-सी
ताक रही उदास आकाश।

हिला रहा अब कुंजों के किन
द्रुम-पुंजों का हृदय कठोर
विगलित विफल वासनाओं से
क्रन्दन-मलिन पुलिन का रोर?

किस प्रसाद के लिए बढ़ा अब
उन नयनों का विरस विषाद?
किस अजान में छिपा आज वह
श्याम गगन का घन उन्माद?

कह, किस अलस मराल-चाल पर,
गूँज उठे सारे संगीत,
पद-पद के लघु ताल-ताल पर
गति स्वच्छन्द, अजीत अभीत?

स्मिति-विकसित नीरज नयनों पर
स्वर्ण-किरण-रेखा अम्लान
साथ-साथ प्रिय तरुण अरुण के
अन्धकार में छिपी अजान!

किस दुर्गम गिरि के कन्दर में
डूब गया जग का निःश्वास?
उतर रहा अब किस अरण्य पर
दिनमणि-हीन अस्त आकाश?

आप आ गया प्रिय के कर में
कह, किसका वह कर सुकुमार
विटप-विहग ज्यों फिरा नीड़ में
सहम तमिस्र देख संसार?

स्मर-सर के निर्मल अन्तर में
देखा था जो शशि प्रतिभात,
छिपा लिया है उसे जिन्होंने
हैं वे किस घन वन के पात?

कहाँ आज वह निद्रित जीवन
बँधा बाहुओं में भी मुक्त?
कहाँ आज वह चितवन चेतन
श्याम-मोह-कज्जल अभियुक्त?

वह नयनों का स्वप्न मनोहर
हृदय-सरोवर का जलजात,
एक चन्द्र निस्सीम व्योम का,
वह प्राची का विमल प्रभात,

वह राका की निर्मल छवि, वह
गौरव रवि, कवि का उत्साह,
किस अतीत से मिला आज वह
यमुने, तेरा सरस प्रवाह?

खींच रहा है मेरा मन वह
किस अतीत का इंगित मौन
इस प्रसुप्ति से जगा रही जो
बता, प्रिया-सी है वह कौन?

वह अविकार निविड़-सुख-दुख-गृह,
वह उच्छृंखलता उद्दाम,
वह संसार भीरु-दृग-संकुल,
ललित-कल्पना-गीत अभिराम,

वह वर्षों का हर्षित क्रीड़न,
पीड़न का चंचल संसार,
वह विलास का लास-अंक, वह
भृकुटि कुटिल प्रिय-पथ का पार;

वह जागरण मधुर अधरों पर,
वह प्रसुप्ति नयनों में लीन,
मुग्ध मौन मन में उन्मुख सुख
आकर्षणमय नित्य नवीन,

वह सहसा सजीव कम्पन-द्रुत
सुरभि-समीर, अधीर वितान,
वह सहसा स्तम्भित वक्षःस्थल,
टलमल पद, प्रदीप निर्वाण;

गुप्त-रहस्य-सृजन-अतिशय श्रम,
वह क्रम-क्रम से संचित ज्ञान,
स्खलित-वसन-तनु-सा तनु अमरण,
नग्न, उदास, व्यथित अभिमान;

वह मुकुलित लावण्य लुप्तमधु,
सुप्त पुष्प में विकल विकास,
वह सहसा अनुकूल प्रकृति के
प्रिय दुकूल में प्रथम प्रकाश;

वह अभिराम कामनाओं का
लज्जित उर, उज्जवल विश्वास,
वह निष्काम दिवा-विभावरी,
वह स्वरूप-मद-मंजुल हास;

वह सुकेश-विस्तार कुंज में
प्रिय का अति उत्सुक सन्धान,
तारों के नीरव समाज में
यमुने, यह तेरा मृदु गान;

वह अतृप्त-आग्रह से सिंचित
विरह-विटप का मूल मलीन
अपने ही फूलों से वंचित
वह गौरव-कर निष्प्रभ, क्षीण;

वह निशीथ की नग्न वेदना,
दिन की दम्य दुराशा आज
कहाँ अंधेरे का प्रिय परिचय,
कहाँ दिवस की अपनी लाज?

उदासीनता गृह-कर्मों में,
मर्म-मर्म में विकसित स्नेह,
निरपराध हाथों में छाया
अंजन-रंजन-भ्रम, सन्देह;

विस्मृत-पथ-परिचायक स्वर से
छिन्न हुए सीमा-दृढ़ 'पाश,
ज्योत्स्ना के मण्डप में निर्भय
कहाँ हो रहा है वह रास?

वह कटाक्ष-चंचल यौवन-मन
वन-वन प्रिय-अनुसरण-प्रयास,
वह निष्पलक सहज चितवन पर
प्रिय का अचल अटल विश्वास;

अलक-सुगन्ध-मदिर सरि-शीतल
मन्द अनिल, स्वच्छन्द प्रवाह,
वह विलोल हिल्लोल चरण, कटि,
भुज, ग्रीवा का वह उत्साह;

मत्त-भृंग-सम संग-संग तम-
तारा मुख-अम्बुज मधु लुब्ध,
विकल विलोड़ित चरण-अंक पर
शरण-विमुख नूपुर-उर क्षुब्ध;

वह संगीत विजय-मद-गर्वित
नृत्य-चपल अधरों पर आज,
वह अजीत-इंगित-मुखरित मुख
कहाँ आज वह मुखमय साज?

यह अपनी अनुकूल प्रकृति का
फूल, वृन्त पर विकच अधीर,
वह उदार, संवाद विश्व का
वह अनन्त नयनों का नीर,

वह स्वरूप-मध्याह्न-तृषा का
प्रचुर आदि-रस, वह विस्तार
सफल प्रेम का, जीवन के वह
दुस्तर सर-सागर का पार;

वह अंजलि कलिका की कोमल,
वह प्रसून की अन्तिम दृष्टि,
वह अनन्त का ध्वंस सान्त, वह
सान्त विश्व की अगणित सृष्टि;

वह विराम-अलसित पलकों पर
सुधि की चंचल प्रथम तरंग,
वह उद्दीपन, वह मृदु कम्पन
वह अपनापन, वह प्रिय-संग;

वह अज्ञात पतन लज्जा का
स्खलन शिथिल घूँघट का देख
हास्य-मधुर निर्लज्ज उक्ति वह,
वह नव यौवन का अभिषेक;

मुग्ध रूप का वह क्रय-विक्रय,
वह विनिमय का निर्दय भाव,
कुटिल करों को सौंप सुहृद-मन,
वह विस्मरण, मरण, वह चाव,

असफल छल की सरल कल्पना,
ललनाओं का मृदु उद्‌गार
बता, कहाँ विक्षुब्ध हुआ वह
दृढ़ यौवन का पीन उभार;

उठा तूलिका मृदु चितवन की,
भर मन की मदिरा में मौन,
निर्निमेष नभ-नील-पटल पर
अटल खींचती छवि, वह कौन?

कहाँ यहाँ अस्थिर तृष्णा का
बहता अब वह स्रोत अजान?
कहाँ हाय निरुपाय तृणों से
बहते अब वे अगणित प्राण?

नहीं कहीं नयनों में पाया
नहीं समाया वह अपराध,
कहाँ, कहाँ अधिकृत अधरों पर
उठता वह संगीत अबाध?

मिली विरह के दीर्घ श्वास से
बहती नहीं कहीं बातास,
कहाँ सिसककर मलिन मर्म में
मुरझा जाता है निःश्वास?

कहाँ छलकते अब वैसे ही
व्रज-नागरियों के गागर?
कहाँ भीगते अब वैसे ही
बाहु, उरोज, अधर, अम्बर?

बँधा बाहुओं में घट क्षण-क्षण
कहाँ प्रकट बकता अपवाद?
अलकों को, किशोर पलकों को
कहाँ वायु देती संवाद?

कहाँ कनक-कोरों के नीरव
अश्रु-कणों में भर मुस्कान,
विरह-मिलन के एक साथ ही
खिल पड़ते वे भाव महान!

कहाँ सूर के रूप-बाग़ के
दाड़िम, कुन्द, विकच अरविन्द,
कदली, चम्पक, श्रीफल, मृगशिशु,
खंजन, शुक्र, पिक, हंस, मिलिन्द!

एक रूप में कहाँ आज वह
हरि-मृग का निर्वैर विहार,
काले नागों से मयूर का
बन्धु-भाव, सुख सहज अपार!

पावस की प्रगल्भ धारा में
कुंजों का वह कारागार,
अब जग के विस्मित नयनों में
दिवस-स्वप्न-सा पड़ा असार!

द्रव-नीहार अचल-अधरों से
गल-गल गिरि-उर के सन्ताप,
तेरे तट से अटक रहे थे
करते अब सिर पटक विलाप,

विवश दिवस के-से आवर्तन
बढ़ते हैं अम्बुधि की ओर,
फिर-फिर फिर भी ताक रहे हैं
कोरों में निज नयन मरोर!

एक रागिनी रह जाती जो
तेरे तट पर मौन उदास,
स्मृति-सी भग्न भवन की, मन को
दे जाती अति क्षीण प्रकाश।

टूट रहे हैं पलक-पलक पर
तारों के ये जितने तार,
जग के अब तक के रागों से
जिनमें छिपा पृथक गुंजार,

उन्हें खींच निस्सीम व्योम की
वीणा में कर-कर झंकार,
गाते हैं अविचल आसन पर
देवदूत जो गीत अपार,

कम्पित उनके करुण करों में
तारक तारों की-सी तान,
बता, बता, अपने अतीत के
क्या तू भी गाती है गान?

❐

पंचवटी प्रसंग

(1)

सीता- आती है याद उस दिन की
प्रियतम!
जिस दिन हमारी पुष्प-वाटिका में
पुष्पराज!
बाल-रवि-किरणों से हँसते नव नीलोत्पल!
साथ लिये लाल को
घूमते समोद थे नयन-मनोरम तुम।
उससे भी सुन्दर क्या नहीं यह दृश्य नाथ?
वहाँ की वह लता-कुंज मंजु थी
या यहाँ उस विटप विशाल पर
फैली हुई मालती का शीतल तल सुन्दर है?
मैं सोचती हूँ, वहाँ बन्दिनी थी
और यहाँ खेलती हूँ, मुक्त खेल,
साथ हो तुम,
और कहाँ इतना सुअवसर मुझे मिल सकता है?
और कहाँ पास बैठ देखती मैं
चंचल तरंगिणी की तरल तरंगों पर
सुर-ललनाओं के चारु चरण-चपल नृत्य

और कहाँ सुनती मैं
सुखद समीरण में विहग-कल-कूजन-ध्वनि-
पत्रों के मर्मर में मधुर गन्धर्वगान?
और कहाँ पाती मैं
निर्मल-विवेक-ज्ञान-भक्ति-दीप्ति
आश्रम-तपोवन छोड़?

राम- छोटे-से घर की लघु सीमा में
बँधे हैं क्षुद्र भाव,
यह सच है प्रिय,
प्रेम का पयोधि तो उमड़ता है
सदा ही निःसीम भू पर।
प्रेम की महोर्मि-माला तोड़ देती क्षुद्र ठाट,
जिसमें संसारियों के सारे क्षुद्र मनोवेग
तृण-सम बह जाते हैं।
हाथ मलते भोगी,
धड़कते हैं कलेजे उन कायरों के,
सुन-सुन प्रेम-सिन्धु का
सर्वस्व-त्याग-गर्जन-घन।
अट्टहास हँसता प्रेम-पारावार
देख भय-कातर की दृष्टि में
प्रार्थना की मलिन रेखा,
तट पर चुपचाप खड़ा
हाथ जोड़ मोह-मुग्ध
डरता है गोते लगाते प्रेम-सागर में,
जीवनाशा पैदा करती है सन्देह
जिससे सिकुड़ जाता सारा अंग,
याद कर प्रेम-वड़वाग्नि की प्रचण्ड ज्वाला,
फेरता है पीठ वह,
दिव्य देहधारी ही कूदते हैं इसमें प्रिये,

पाते हैं प्रेमामृत,
पीकर अमर होते हैं।
मैं भी, सच कहता हूँ, मुनियों में
पाता हूँ जैसा अपूर्व प्रेम
वैसा कभी आज तलक कहीं नहीं पाया है।
राजभवन राजस-प्रभाव-भरे
रम्योद्यान से भी मुझे
बढ़कर प्रतीत होती
वनस्थली चारुचित्रा।

सीता- भूलती नहीं हैं एक क्षण भी अनसूया देवी।
चलने लगी मैं जब पैरों पड़ी,
स्नेह से उठाकर मुझे-
अहा, वह सुखद स्पर्श-
कहने लगीं-'सीता, तू जानती है
क्या हैं सतियों के गुण तो भी कहूँ।'
सादर समझाये सतियों के गुण सारे मुझे,
गोद में बिठाके, वह कैसा प्यार-निश्छल,
निष्काम-नहीं भूलता है एक क्षण।

राम- मुझे भी भरत की याद प्रिये, सदा आती है।

सीता- अहा, वह भक्ति-भाव-भूषित मुख विनय-नम्र!

(लक्ष्मण का प्रवेश)

लक्ष्मण- अर्चना के लिए आर्य!
विल्वदल-गन्ध-पुष्प-मालाएँ
रखी हैं कुटीर में, देर हुई।

राम- हाँ लाल, चलते हैं।

सीता- और लाल मेरे, लाओ फूल मालती के,
गूँथकर माला स्वयं
सती-शिरोरत्न के

पद-युगल-कमलों में
अर्पण करूँगी मैं।

(लक्ष्मण का प्रस्थान)

कितना सुबोध है!
आज्ञा-पालन के सिवा कुछ भी नहीं जानता,
आता है सामने तो झुका सिर
दृष्टि चरणों की ओर रखता है,
कहता है बालक-इव, क्या है आदेश माता?

राम- पाये हैं इसने गुण सारे माँ सुमित्रा के;
वैसा ही सेवाभाव, वैसा ही आत्मत्याग,
वैसी ही सरलता, वैसी पवित्र कान्ति।
त्रुटि पर ज्यों बिजली-सी टूटती सुमित्रा मा,
शत्रु पर त्यों सिंह-सा झपटता है लखनलाल,
देखा नहीं कोप इसका परशुधर प्रसंग में?
अथवा वन-गमन-समय?
किंवा जब आये भरत चित्रकूट पर्वत पर?
कितनी भक्ति मुझ पर है
यह तो जानती ही हो।

(2)

लक्ष्मण- जीवन का एक ही अवलम्ब है सेवा;
है माता का आदेश यही,
मा की प्रीति के लिए ही चुनता हूँ सुमन-दल,
इसके सिवा कुछ भी नहीं जानता-
जानने की इच्छा भी नहीं है कुछ।
माता की चरण-रेणु मेरी परम शक्ति है-
माता की तृप्ति मेरे लिए अष्ट सिद्धियाँ-
माता के स्नेह-शब्द मेरे सुख-साधन हैं।

धन्य हूँ मैं;
जिनके कटाक्ष से करोड़ों शिव-विष्णु-अज
कोटि-कोटि सूर्य-चन्द्र-तारा-ग्रह
कोटि-इन्द्र-सुरासुर-
जड़-चेतन मिले हुए जीव-जग
बनते-पलते हैं,-नष्ट होते हैं अन्त में-
सारे ब्रह्माण्ड के जो मूल में विराजती हैं
आदि-शक्ति-रूपिणी,
शक्ति से, जिनकी शक्तिशालियों में सत्ता है-
माता हैं मेरी वे।
जिनके गुण गाकर भवसिन्धु पार करते नर,
प्रणव से लेकर प्रतिमन्त्र के अर्थ में
जिनके अस्तित्व की ही
दिखती है दृढ़ छाप
माता हैं मेरी वे।
नारियों की महिमा-सतियों की गुण-गरिमा में
जिनके समान जिन्हें छोड़ कोई और नहीं,
माता हैं मेरी वे।
सलिल-प्रवाह में ज्यों बहता शैवाल-जाल
गृह-हीन, लक्ष्य-हीन, यन्त्र-तुल्य,
किन्तु परमात्मा की प्रेममयी प्रेरणा से
मिलता है अन्त में असीम महासागर से
हृदय खोल-मुक्त होता
मैं भी त्यों त्यागकर सुखाशाएँ,-
घर-द्वार-धन-जन,
बहता हूँ माता के चरणामृत-सागर में,
मुक्ति नहीं जानता मैं, भक्ति रहे, काफ़ी है।
सुधाधर की कला में अंशु यदि बनकर रहूँ,
तो अधिक आनन्द है;

अथवा यदि होकर चकोर कुमुद-नैश गन्ध
पीता रहूँ सुधा इन्दु-सिन्धु से बरसती हुई,
तो सुख मुझे अधिक होगा?
इसमें सन्देह नहीं,
आनन्द बन जाना हेय है,
श्रेयस्कर आनन्द पाना है,
मानस-सरोवर के स्वच्छ वारि-कण-समूह
दिनकर-कर-स्पर्श से
सूक्ष्माकार होते जब-
धरते अव्यक्त रूप
कुछ काल के लिए नील नभोमण्डल में
लीन-से हो जाते हैं-गाते अव्यक्त राग,
किन्तु क्या आनन्द उन्हें मिलता है, वे जानें!
इधर तो यह स्पष्ट है कि
वही जब पाते हैं जलद-रूप-
प्रगति की फिर से जब सूचना दिखाते हैं,-
जीवन का बालकाण्ड शुरू होता,-
क्रीड़ा से कितने ही रंग वे बदलते हैं
शिखर पर,-व्योम-पथ में
नाचते-थिरकते हैं,-किलकते,-गीत गाते है,-
कोमल कपोल श्याम चूमता जब मन्द मलय,-
भर जाता हृदय आनन्द से-
बूँदों से सींचती उच्छ्वास-सलिल
मानस-सरोवर-वृक्ष,-स्मरण कर पूर्व-कथा,
देखकर कौतुक तब खिले हुए कमल कुल
गले डाल लेते हैं मोतियों की माला एक
मन्द मुस्कराते हुए।
अतएव ईश्वर से सदा ही मैं मनाता हूँ,
'परमात्मन्, मनस्काम-कल्पतरु तुम्हें लोग कहते हैं,

पूरे करते हो तुम सबके मनोभिलाष,
यदि प्रभो, मुझ पर सन्तुष्ट हो,
तो यही वर मैं माँगता हूँ,
माता की तृप्ति पर
बलि हो शरीर-मन
मेरा सर्वस्व-सार;
तुच्छ वासनाओं का
विसर्जन मैं कर सकूँ;
कामना रहे, तो एक
भक्ति की बनी रहे।
चलूँ अब, चुन लिये प्रसून,
बड़ी देर हुई।

(3)

शूर्पनखा- देव-दानवों ने मिल
मथकर समन्दर को निकाले थे चौदह रत्न;
सुनती हूँ,-
रम्भा और रमा ये दो नारियाँ भी निकली थीं,
कहते लोग, सुन्दरी हैं;
किन्तु मुझे जान पड़ता,-
सृष्टि-भर की सुन्दर प्रकृति का सौन्दर्य-भाग
खींचकर विधाता ने भरा है इस अंग में,-
प्यार से-
अन्यथा उस बूढ़े विधि शिल्पी की
कँपती हुई अँगुलियाँ बिगाड़ देतीं चित्र यह-
धुल में मिल जाती चतुराई चित्रकार की;
और यह भी सत्य है कि
ऐसी ललाम वामा चित्रित न होगी कभी;
रानी हूँ,

प्रकृति मेरी अनुचरी है;
प्रकृति की सारी सौन्दर्य-राशि लज्जा से
सिर झुका लेती जब देखती है मेरा रूप-
वायु के झकोरे से वन की लताएँ सब
झुक जातीं,-नज़र बचाती हैं,-
अंचल से मानो छिपाती मुख
देख यह अनुपम स्वरूप मेरा।
बीच-बीच पुष्प गुँथे किन्तु तो भी बन्ध-हीन
लहराते केश-जाल, जलद-श्याम से क्या कभी
समता कर सकती है
नील-नभ तड़ित्तारकाओं का चित्र ले
क्षिप्रगति चलती अभिसारिका यह गोदावरी?-
हरगिज नहीं।
कवियों की कल्पना तो
देखती ये भौंएँ बालिका-सी खड़ी-
छूटते हैं जिनसे आदिरस के सम्मोहन-शर
वशीकरण-मारण-उच्चाटन भी कभी-कभी।
हारे हैं सारे नेत्र नेत्रों को हेर-हेर-
विश्व-भर को मदोन्मत्त करने की मादकता
भरी है विधाता ने इन्हीं दोनों नेत्रों में।
मीन-मदन फाँसने की वंशी-सी विचित्र नासा,-
फूलदल-तुल्य कोमल लाल ये कपोल गोल,-
चिबुक चारू और हँसी बिजली-सी,-
योजन-गन्ध-पुष्प-जैसा प्यारा यह मुखमण्डल,-
फैलते पराग दिग्मण्डल आमोदित कर,-
खिंच आते भौंरे प्यारे।
देख यह कपोत कण्ठ
बाहु-बल्ली कर-सरोज
उन्नत उरोज पीन-क्षीण कटि-

नितम्ब-भार-चरण सुकुमार-
गति मन्द-मन्द,
छूट जाता धैर्य ऋषि-मुनियों का;
देवों-भोगियों की तो बात ही निराली है।
पैरों पड़ते हैं बड़े-बड़े वीर,
माँगते कृपा की भिक्षा,
हाथ जोड़ कहते हैं, 'सुन्दरी! अब कृपा करो,'
पर मैं विजय-गर्व से
विजितों, पद-पतितों पर
डाल अवज्ञा की दृष्टि
फेर लेती चन्द्रानन विश्वजयी!
क्या ही आश्चर्य है!
कुछ दिन पहले तो यहाँ न थी यह अपूर्व शोभा,
निर्मम कठोर प्रकृति त्रस्त किया करती प्राण,
मरु-भूमि-सी थी जगह,
उड़ती उत्तप्त धूलि-झुलसाती थी शरीर
पथिकों को देती थी कठोर दण्ड
चण्ड मार्त्तण्ड की सहायता से।
और आज कितना परिवर्तन है!
हत्याएँ हजार जिन हाथों ने की होंगी
सेवा करते हैं वही हृदय के कपाट खोल
मीठे फल, शीतल जल लेकर बड़े चाव से।
जड़ों में हुआ है नव-जीवन-संचार, धन्य!
इच्छा होती है, इन
सखी-कलियों के संग
गाऊँ मैं अनूठे गीत-प्रेम-मतवाली हो,
फूलों से खेलूँ खेल,
गूँथकर पुष्पाभरण पहनूँ,
हार फूलों के डालूँ गले।

(फूलों से सजती है)

अरे! क्या वह कुटीर है?
आया क्या मुनि कोई!
बढ़कर जरा देखूँ तो
कौन यहाँ आया है मूर्ख प्राण देने को।

(4)

लक्ष्मण- प्रलय किसे कहते हैं?
राम- मन, बुद्धि और अहंकार का लय प्रलय है।
लक्ष्मण- कैसे यह प्रलय होता है, कहो देव!
राम- व्यष्टि औ' समष्टि में नहीं है भेद,
भेद उपजाता भ्रम-
माया जिसे कहते हैं।
जिस प्रकाश के बल से
सौर ब्रह्माण्ड को उद्भासमान देखते हो
उससे नहीं वंचित है एक भी मनुष्य भाई!
व्यष्टि औ' समष्टि में समाया वही एक रूप,
चिद्घन आनन्द-कन्द।
आती जिज्ञासा जिज्ञासु के मस्तिष्क में जब-
भ्रम से बच भागने की इच्छा जब होती है-
चेतावनी देती जब चेतना कि छोड़ो खेल,
जागता है जीव तब,
योग सीखता है वह योगियों के साथ रह,
स्थूल से वह सूक्ष्म, सूक्ष्मातिसूक्ष्म हो जाता;
मन, बुद्धि और अहंकार से है लड़ता जब
समर में दिन दूनी शक्ति उसे मिलती है।
क्रम-क्रम से देखता है
अपने ही भीतर वह
सूर्य-चन्द्र-ग्रह-तारे

और अनगिनत ब्रह्ममाण्ड-भाण्ड।
देखता है स्पष्ट तब,
उसके अहंकार में समाया है जीव-जग;
होता है निश्चय ज्ञान-
व्यष्टि तो समष्टि से अभिन्न है;
देखता है, सृष्टि-स्थिति-प्रलय का
कारण-कार्य भी है वही-
उसकी इच्छा है रचना-चातुर्य में
पालन-संहार में।
अस्तु भाई, हैं वे सब प्रकृति के गुण।
सच है, तब प्रकृति उसे सर्वशक्ति देती है-
अष्ट सिद्धियाँ, वह
सर्वशक्तिमान् होता;
इसे भी जब छोड़ता वह,
पार करता रेखा जब समष्टि-अहंकार की-
चढ़ता है सप्तम सोपान पर,
प्रलय तभी होता है,
मिलता वह अपने सच्चिदानन्द रूप से।

लक्ष्मण- तो सृष्टि फिर से किस प्रकार होती है?

राम- जिनकी इच्छा से संसार में संसरण होता-
चलते-फिरते हैं जीव,
उन्हीं की इच्छा फिर सृजती है सृष्टि नयी।
उसके लिए तात देखो,
क्या है अकार्य यहाँ?
मुक्त जो हो जाता है
फिर नहीं वह लौटता।
बची रहती है जो अनन्त कोटि सृष्टि की
प्रकृति करती है क्रीड़ा उसे ले अनन्तकाल।
अस्तु, है यह अन्य भाव;

सौर ब्रह्ममाण्ड के है प्रलय पर तुम्हारा प्रश्न।
सुनो भाई,
जिस प्रकार व्यष्टि एक धरती है सूक्ष्म रूप
वैसे ही समष्टि का भी
सूक्ष्म भाव होता है।
रहते आकाश में हैं
प्रकृति के तब सारे बीज।
और यह भी सत्य है कि
प्रकृति के तीनों गुण सम तब हो जाते हैं-

सीता- यह है बड़ा जटिल भाव,
भक्ति-कथा कहो नाथ!

राम- भक्ति-कर्म-योग-ज्ञान एक ही हैं
यद्यपि अधिकारियों के निकट भिन्न दिखते हैं।
एक ही है, दूसरा नहीं है कुछ-
द्वैतभाव ही है भ्रम।
तो भी प्रिये,
भ्रम के ही भीतर से
भ्रम के पार जाना है।
मुनियों ने मनुष्यों के मन की गीत
सोच ली थी पहले ही।
इसीलिए द्वैतभाव-भावुकों में
भक्ति की भावना भरी-
प्रेम के पिपासुओं को
सेवाजन्य प्रेम का
जो अति ही पवित्र है,
उपदेश दिया।
सेवा से चित्त-शुद्धि होती है।
शुद्ध चित्तात्मा में उगता है प्रेमांकुर।
चित्त यदि निर्मल नहीं,

तो वह प्रेम व्यर्थ है-
पशुता की ओर है वह खींचता मनुष्य को।

सीता- देखो नाथ, आती है नारी एक।

राम- बैठो भी, आने दो।

(5)

शूर्पनखा- (स्वगत) यहाँ तो ये तीन हैं,
एक से हैं एक सुन्दर;
साथ एक नारी भी
सुन्दरी सुकुमारी है,
किन्तु क्या है मुझसे भी?
(हृदय पर पड़ी हुई पुष्प-माला
देखती है कुछ मुस्कराती हुई)
सुन्दर नरों को तो देखकर यह जान पड़ता,
ऋषि नहीं, ये नहीं हैं तपस्वी कभी,
कोमलांग योग्य नहीं कठिन तपस्या के,
निश्चय हैं राजपुत्र
अथवा नररूप धर वन में हैं विचरते सुर।
श्यामल-सरोज-कान्ति
छीन लेती सहज ही
संचित हृदय का प्रेम-
नारियों का गुप्त धन।
चाहता जी-
नील-जल-सरोवर पर
प्रेम-सुधा-कौमुदी पी
खिल-खिलकर हँसती हुई
भाग्यवती कुमुदिनी-सी
साँवरे का अधर-मधु पान कर
सुख से बिताऊँ दिन।

(राम के पास जाती है)

सुन्दर!
मैं मुग्ध हो गयी हूँ देख
अनुपम तुम्हारा रूप।
जैसी मैं सुन्दरी हूँ,
योग्य ही हो मेरे तुम।
मचल रहा मानस मम
इच्छा यह पूर्ण करो-
कामिनी की कामना
अपूर्ण नहीं रखते पुरुष!
मेरे साथ-मेरे बन
चलो तुम,
बिठाऊँगी स्वर्ग के सिंहासन पर तुम्हें सखे!
कुछ भी अप्राप्य नहीं
सर्वसुख भोगोगे पुरुषोत्तम!
स्वर्ग के राजाधिराज तुम होगे
और मैं राजरानी;
पारिजात-पुष्प के नीचे बैठ सुनोगे तुम
कोमल-कण्ठ-कामिनी की सुधा-भरी असावरी।
भ्रमर-भार-कम्पित यह यूथिका झुकेगी जब-

राम- सुन्दरी, विवाहित हूँ,
देखो, यह पत्नी है।
जाओ तुम उनके पास,
वे हैं कुमार और सुन्दर भी।

लक्ष्मण- सुन्दरी, मैं दास हूँ उनका,
और वे हैं महाराज कोशल-पति,
एक क्या, अनेक ब्याह कर सकते चाहें तो,
सेवक हूँ उनका मैं
मुझसे सुखाशा आकाश-कुसुम-तुल्य है।

शूर्पनखा- (राम से) मेरे योग्य तुम्हीं हो।

राम- देखो तो उन्हें ज़रा,
कितने वे सुन्दर हैं हेमकान्ति।

शूर्पनखा- (लक्ष्मण से) मेरे हृदय-दर्पण में
प्रेम का प्रतिबिम्ब तव
कितना सुहावना है-कितना सुदर्शन,
तुम देख लो!

लक्ष्मण- दूर हट नीच नारी!

शूर्पनखा- (राम से) धिक् है नराधम तुझे,
वंचक कहीं का शठ,
विमुख किया तूने उसे
आयी जो तेरे पास
चाव से
अर्पण करने के लिए जीवन-यौवन नवीन।
निश्छल मनोहर श्याम काम-कमनीय देख
सोचा था मैंने,
तू काम-कला-कोविद
कोई रसिक अवश्य होगा।
मैं क्या जानती थी
यह काम की नहीं है
किन्तु विष की है श्यामता?-
कूट-कूटकर इसमें
भरा है हलाहल घोर?
सोचा था गुलाब जिसे
निकला छिः जंगली निर्गन्ध कुसुम।
तप्त मरुभूमि की
मृगी का-सा हुआ भ्रम।
दगा दिया तूने ज्यों
त्यों ही फल भोगेगा इसका तू-शीघ्र ही।

दम में दम जब तक है,
काल-नागिनी-सी मैं लगी रहूँगी घात में।
तुझे भी रुलाऊँगी,
जैसा है रुलाया मुझे।

राम- अभी तो रुलाया नहीं,
इच्छा यदि है तो तू

(लक्ष्मण को इशारा)

लक्ष्मण- रो अब जी खोलकर!

(नाक-कान काटते हैं)

❒

स्वामी प्रेमानन्दजी महाराज

आमों की मंजरी पर
उतर चुका है वसन्त,
मंजु-गुंज भौंरों की
बौरों से आती हुई,
शीत-वायु ढो रही है
मन्द-गन्ध रह-रहकर।
नारियल फले हुए,
पुष्करिणी के किनारे
दोहरी कतारों में
श्रेणीबद्ध लगे हुए।
भरा हुआ है तालाब,
खेलतीं हैं मछलियाँ,
पानी की सतह पर
पूँछ पलटती हुई।
वहीं गन्धराज, बकुल,
बेला, जुही, हरसिंगार,
केतकी, कनेर, कुन्द,
चम्पा लगे हुए है-
पूजा के उपचार,

ऋतु-ऋतु में खिलते हुए।
अमरूद, जामुन, अनार, लीची, फालसे,
कटहल लगे हुए।
कोनों में बाँसों के झाड़, कहीं-कहीं इमली,
इंगुदी कपास, नीम,
मध्यवित्त गृहियों के वासगृहों के पीछे।
सामने है पूजागृह-
भिन्न वासगृह से,
स्वच्छ स्निग्ध गन्ध से मोदित करता हुआ।
ब्राह्मण का शोभन गृह।
अन्य ओर धान का गोला, पुष्करिणी कल
एक ओर, बीचों बीच, और स्वच्छ जलवाली,
हल्की-सजी हुई; बँधा हुआ घाट सुघर।
यहाँ लगे हैं गुलाब, नारियल वैसे ही,
नहीं बाँस या इमली।
सुन्दर-सी बैठक में
गृहस्वामी बैठे हुए।
बालकों का कलरव
गूँजता हुआ अबाध।
बेर के, खजूर के,
आम और जामुन के नीचे, पकते समय,
महाभारत मचा हुआ।
दूर-दूर पास-पास गाँव के आवास हैं
ऊँचे भूखण्डों पर।
नीची-नीची जमीं में,
जमता है जहाँ पानी,
धान कट चुके हैं अगहन के, देर हुई,
किन्तु ऐसी जमीं में अभी तक कुछ नमी है।
गृहस्वामी परमहंस देवजी के भक्त हैं।

युवक-समाज बड़े चाव से पढ़ता है
स्वामी विवेकानन्दजी के लिखे हुए ग्रन्थ।
शोधन भी चाहता है करना चरित्र का
उनके प्रभाव से,
जैसे मधु-ऋतु से तरु।
ग्रामीण जनों में निश्चय बँध चुका है।
स्वामी प्रेमानन्दजी, शिष्य रामकृष्ण के,
उत्सव में आयेंगे। भेजा गया भक्त एक
स्वामीजी को लेने को, युवक एक पश्चिम के
प्रान्त का, जिसके पिता
बंगदेश गये थे,
फिर वहीं
बसे थे। तरुण वह
ले आया स्वामी को
जैसे भास को प्रभात।
साथ ब्रह्मचारी थे,
आत्मा की खोज और
लोगों की सेवा के लिए
गये हुए थे जो वहाँ।
पूर्णिमा के चन्द्र को
देखकर चढ़ा हुआ
सागर समुदाय था
स्वामीजी के दर्शनों से।
पीटकर बराबर एक खेत कर दिया गया,
बड़ा शामियाना तना।
तोरण बनाये गये।
द्वारों पर दोनों ओर
कलस रखे गये
जलपूर्ण, सेंदुर से

स्वस्तिका खींचकर,
आम्र-पल्लव, धान-भरी
परई, कच्चा छोटा
नारियल रखकर।
मंच सजा पुष्प और पल्लवों का शोभापूर्ण।
चित्र रामकृष्ण का
रखा गया तख़्त पर
फूलो से आच्छादित।
रंगे हुए काग़ज़ों की जजीरें।
'स्वागत' प्रवेश-द्वार पर लगा हुआ विशाल।
बाल-वृद्ध-युवा-नर-नारी आते-जाते हुए।
कीर्त्तन होता रहा
खोल-करताल पर।
खिचड़ी, भाजियाँ कई,
मिष्टान्न, परिवेश
किया गया दीन नारायणों के अभ्यर्थन में।
अन्य जन बैठते थे
प्रत्याशी प्रसाद के,
साथ, एक पंक्ति में।
कितनी पंक्तियाँ हुई।
आमन्त्रित थे सभी
धनी-मानी, नगर के
राजकर्मचारि वर्ग,
जीवन की पुष्टि और
आध्यात्मिक धारणा के लिए आये हुए थे,
भक्ति के प्रतिरूप,
पवन ज्यों मुक्त हो
भली-बुरी गन्ध से।
घेरकर आत्मा को

खड़े थे देह जैसे।
मंच के सामने
कीर्तन होता रहा
गायकों का, भक्तों का।
बजते हुए मृदंग,
करताल चक्राकार
भक्तजन परिक्रमा करते हुए बार-बार।
उत्सव समाप्त हुआ।
स्वामी को बुलाकर
श्रेष्ठ राजकर्मचारी
ले आये उपवन के अपने भवन में।
रखा समादर से।
पूजानुष्ठान हुआ
पश्चिमीय तरुण ने
श्रीसुतीक्ष्ण की कथा
रामचरितमानस से
पढ़ी मधुर कण्ठ से
वन्दन रघुनन्दन का
भक्ति से ओतप्रोत।
सभ्य जन आँसू बहाते हुए सुनते रहे।
स्वामीजी ध्यानमग्न,
स्वर के स्तर से चढ़कर
सहस्रार में गये।
लोकोत्तरानन्द तभी सब की समझ में आया।
कथा परिसमाप्त हुई।
गृहस्वामी भोजन का
आयोजन करने लगे।
पत्तले पड़ीं नयी।
आसन बिछाये गये,

जल-पात्र रखे गये।
घृतपक्व गन्ध से
महकने लगा गृह।
दूर आवास तक
हवा ख़बर भेजती है।
आमन्त्रित हैं सभी
राजकर्मचारिवर्ग।
आवाहन होने पर
स्वामी उठकर चले।
क्षालित हुए उनके पद,
हाथ-मुँह धुलाकर
आसन दिखाया गया,
सबसे अधिक मर्यादित।
उनके बैठने ही पर
बैठे आमन्त्रित जन,
एक ही पंक्ति में
ब्राह्मण-कायस्थ सब!
श्रेष्ठ राजकर्मचारी
जाति के कायस्थ थे।
स्वामीजी का पूर्वाश्रम कायस्थ कुल में था
जैसे विवेकानन्दजी का।
राजकर्मचारी को गर्व इससे हुआ
खुलकर वह बोले भी-
"एक दिन ब्राह्मणों ने
हमें पतित किया था-
शूद्र कहलाये हम,
किन्तु श्रीविवेक और
आप-ऐसे कृतियों ने
धन्य हमें कर दिया।

ब्राह्मणों की ही तरह
हम भी सिर उठाकर
रहते हैं समाज में,
एक ही फल के भागी-
भोगी स्वाच्छन्द्य के।"
स्वामीजी मौन थे
स्तुति को दबाते हुए
जो थी एकांगिणी।
सजग हुए ब्रह्म वर्ग,
स्पर्धा से उद्धत-सिर,
देखते ही स्वामीजी
समझे वह मनोभाव
क्षोभ भरनेवाला,
बोले स्नेह-कण्ठ से-
"संन्यासी होने पर
देश-काल-पात्रता से
दूर हम हुए हैं,
रामकृष्णमय जीवन,
सर्व जनों के लिए।
ब्राह्मण के गृह जिनका
शुभ जन्म हुआ था,
उनके दर्शनों को
हम या विवेकानन्द
नहीं गये थे वहाँ;
जो थे परमात्मालीन
त्यागी-योगी सिद्धेश्वर,
उन्हीं प्रवर में सीखें
ली है हम लोगों ने
विगत जाति-कुल से।"

यद्यपि उन मधुपुष्प शब्दों पर बैठकर
शान्त हुए द्विज-भ्रमर,
फिर भी बर्र जैसे एक गूँजते ही रह गये-
"राजा हैं ब्राह्मण, मैं
ब्राह्मण-विद्वेष की कथा उनसे कहूँगा,
उन्हीं के साथ यह श्रेष्ठ राजकर्मचारी
बैठकर जायेंगे-
देखेंगे हमलोग।"
कहकर वह उठने लगे।
दूसरे ने कहा,
"रसगुल्ले आ रहे हैं,
अभी कहाँ जाते हैं?
कटु हुई है जिह्वा मीठी कर लीजिए।"
वह पश्चिमीय भी बैठा था चुपचाप।
उठने को काँपकर बैठे रहे द्विजदेव।
भोजन अधूरा ही छोड़कर स्वामीजी
उठकर खड़े हुए।
बढ़ते हुए कहा यह, "होगा हमारा भी कोई
अपना समझदार, समझायेगा वही
ऐसे विद्वानों को।"
द्विज भी खड़े हुए,
पश्चिमीय की तरफ़ उँगली उठायी, कहा,
"ऐसा भी आदमी पंक्ति में बैठाया गया
जिसके माँ-बाप का पता आज तक न लगा,
घोर कलिकाल है!"
स्वामीजी ने कहा,
"ऐसे कलिकाल में
रामकृष्ण आये हैं, स्वामी श्री विवेकानन्द
ऐसे ही जनों के परमबन्धु हो गये।

पता उन्हीं का रहा, कुछ पता नहीं था जिनका,
म्लेच्छ और दुराचरी जो लोग कहलाते रहे।"
राजकर्मचारी ने
हाथ जोड़कर कहा,
"आपके बैठे बिना
लोग उठ जायेंगे,
यज्ञ अधूरा होगा।"
स्वामीजी ने कहा, "इसी युवक को पहले
लाकर परोसो अन्न-मिष्टान्न जो कुछ हो
भोजन-समाप्ति का,
यहीं से प्रारम्भ इस भोजन का होता है,
पायेंगे प्रसाद सभी।"
मेघमन्द्र कच्छ में स्तम्भित सब हो गये।
बैठ गये स्वामीजी।
मिष्टान्न लाया गया,
पहले परोसा गया युवक को विनय से।
दबे हुए चुपचाप
समय के प्रभाव से
आमन्त्रित बैठे रहे,
मिष्टान्न खाया स्वाद साधुता का लेते हुए।
खुल गये प्राण सब
गगन में जैसे तारे।
चमके आमन्त्रित जन।
साधुभोज पूर्ण हुआ।
प्रातःकाल सभा हुई।
स्थानीय जन समवेत हुए प्रेम से
रामकृष्ण और श्री विवेकानन्द की बातें
स्वामी प्रेमानन्दजी के मुख से सुनने के लिए।
राजकर्मचारीजी सबसे विद्वान थे-

आदरणीय, राज्य के प्रधानामात्य-पद पर;
उन्हीं ने सभापति का आसन सुशोभित किया।
बगल में श्री स्वामीजी की कुर्सी रखी गयी।
समागत सभ्य विद्वानों के व्याख्यान हुए
श्रीमद्रामकृष्ण परमहंस देव पर, कोई
स्वामी श्रीविवेकानन्दजी के विषय पर बोले,
आधुनिक धर्म, त्याग,
जाति का उत्थान, प्रेम,
सेवा, देश-नायकता,
भारत और विश्व जैसी गहन समस्या लेकर।
एक ब्रह्मचारी ने
स्वामी श्री विवेकानन्दजी की 'वीरवाणी' से
'सखा के प्रति' विशिष्ट पद्य की आवृत्ति की।
स्वामीजी से बोलने के लिए प्रार्थना हुई।
जनता उद्ग्रीव देखती थी वह पवित्र मुख।
स्वामीजी खड़े हुए,
कहा, "हम सेवक हैं,
आप लोग आमुख हैं सब विद्या के,
बोलेंगे; हममें जो श्रेष्ठ श्रुतिधर थे-विवेकानन्द
जानता है विश्व उन्हें-
जनता के अर्थ वे
सब कुछ कह गये हैं,
सिर्फ़ काम करना है;
फिर भी हम बोलते हैं लोगों के आग्रह से
सांसारिक धर्म पर
सर्वश्रेष्ठ जो है जैसा ऋषिमुनियों ने कहा है।
एक दिन विष्णुजी के पास गये नारदजी,
पूछा, मृत्युलोक में वह कौन है पुण्यश्लोक
भक्त तुम्हारा प्रधान ?

विष्णुजी ने कहा, 'एक सज्जन किसान है,
प्राणों से प्रियतम।
नारद ने कहा, 'मैं'
उसकी परीक्षा लूँगा।' हँसे विष्णु-सुनकर यह,
कहा कि ले सकते हो।
नारदजी चल दिये,
पहुँचे भक्त के यहाँ,
देखा हल जोतकर आया वह दुपहर को;
दरवाज़े पहुँचकर रामजी का नाम लिया;
स्नान-भोजन करके
फिर चला गया काम पर।
शाम को आया दरवाज़े, फिर नाम लिया
प्रातःकाल चलते समय
एक बार फिर उसने
मधुर नाम स्मरण किया।
बस केवल तीन बार,
नारद चकरा गये।-
दिवारात्र जपते हैं नाम ऋषि-मुनि लोग
किन्तु भगवान को किसान ही यह याद आया।
गये वह विष्णुलोक;
बोले भगवान से,
'देखा किसान को,
दिन-भर में तीन बार
नाम उसने लिया है।'
बोले विष्णु, नारदजी,
आवश्यक दूसरा
काम एक आया है,
तुम्हें छोड़कर कोई
और नहीं कर सकता।

साधारण विषय यह।
बाद को विवाद होगा;
तब तक यह आवश्यक कार्य पूरा कीजिए।
तैल-पूर्ण पात्र यह,
लेकर प्रदक्षिणा कर आइये भूमण्डल की,
ध्यान रहे सविशेष,
एक बूँद भी इससे
तेल न गिरने पाये।'
लेकर चले नारदजी,
आज्ञा पर धृतलक्ष्य-
एक बूँद तेल उस पात्र से गिरे नहीं।
योगिराज जल्द ही
विश्व-पर्यटन करके
लौटे बैकुण्ठ को,
तेल एक बूँद भी उस पात्र से गिरा नहीं।
उल्लास मन में भरा था
यह सोचकर, तैल का रहस्य एक
अवगत होगा नया।
नारद को देखकर
विष्णु भगवान ने
बैठाया स्नेह से,
कहा, 'यह उत्तर तुम्हारा यहाँ आ गया।
बतलाओ, पात्र लेकर जाते समय कितने बार
नाम इष्ट का लिया?
'एक बार भी नहीं',
शंकित हृदय से कहा नारद ने विष्णु से,
'काम तुम्हारा ही था,
ध्यान उसी से लगा,
नाम फिर क्या लेता और?'

विष्णु ने कहा, 'नारद,
उस किसान का भी काम
मेरा दिया हुआ है,
उत्तरदायित्व कई लादे हैं एक साथ,
सब को निभाता और
काम करता हुआ
नाम भी वह लेता है
इसी से है प्रियतम।'
नारद लज्जित हुए,
कहा, 'यह सत्य है।'
व्याख्यान पूरा हुआ,
स्वामीजी बैठे, स्तब्ध
सभा रंजित हुई,
धार्मिक आभास मिला।
स्वामीजी ने कहा चीफ मैनेजर साहब से,
'कोई दर्शनीय स्थान हो तो हमें दिखा दो।'
'राजा के गढ़ मध्य
मन्दिर है कृष्णजी का,
बहुत ही सुन्दर स्थल,
सन्ध्या की आरती के समय साथ चलेंगे',
मैनेजर ने कहा,
'यों तो प्रासाद तथा और दृश्य हैं,
किन्तु व्यर्थ आप के लिए है यह देखना।'
स्नान, ध्यान, भोजन, आराम के अनन्तर
सब लोग तैयार हुए
कृष्णजी के दर्शन को,
राजगढ़ के अभ्यन्तर।
स्वामीजी, तीन ब्रह्मचारी, मैनेजर साहब
चले, पश्चिमीय वह युवक भी साथ हुआ।

तीन मील घेरकर गहरी एक नहर-सी
परिखा है चारों ओर से गढ़ को डालकर
अपने में वेष्टनी-सी।
पश्चिम में सिंहद्वार,
परिखा के पुल के बाद।
सीधा रास्ता गया। दोनों ओर बड़े-बड़े
स्वच्छ जलाश्य हैं।
समतल किये हुए
सरोवर तटोद्यान के। दूब जमायी हुई।
थालियाँ ऋतुपुष्पों की, लाल पीले ज़र्द
मिश्र रंगों की बहार तृप्त करती हुई नयन,
बेंचें पड़ी हुई,
सरोवर-जल-स्पृष्ट हवा स्निग्ध आती हुई,
रास्ते के दोनों ओर बटम-पाम की कतारें,
दोनों ओर सरोवर काफ़ी भूमि छोड़कर,
दो-दो, चार; दायीं ओर मध्य से गयी है राह
कृष्णजी के मन्दिर को, बीच से दो सरों के।
हरियाली दूब की, जल की लघु नीलिमा,
बटम-पामों की छाया छत्राकृति दूर तक,
ऋतुपुष्पों की शोभा, देवदार, हींग और
इलायची-अशोक जैसे
कीमती वृक्षों की छटा
मुग्ध कर लेती है मन को क्षण मात्र में
जल की लहरियों से खेलता है समीरण।
एक राह और राज-भवन से गयी हुई।
बीच में, तालाबों के ख़त्म होते एक और
ड्योढ़ी पड़ती है बड़ी,
बाद को प्रासाद है,-
ड्योढ़ी से दिखता हुआ,

शोभन विशालकाय,
उद्यानों में बना,
चीफ़ मैनेजर साहब उसी से लेकर चले।
ड्योढ़ी पर सन्तरी खड़ा हुआ,
सिंहद्वार पर जैसा,
जिसको ये पार कर यहाँ आकर पहुँचे हैं,
राजप्रासाद का सन्तरी दिख रहा है
दीर्घ इस ड्योढ़ी के बहुत ऊँचे फाटक से;
संगमारवर के सोपान उसके प्रायः बीस,
बहुत लम्बे-लम्बे, एक-मंजिले तक ऊँचा-चढ़े;
दोनों ओर तोपें लगीं, बैठे, सिंह भीमकाय
सोने के पानी के चढ़े, दोनों ओर पत्थरों पर;
दोनों ओर बटम-पाम, एक-एक बड़े-बड़े;
खुला बड़ा बरामदा, संगमारवर और
संग मूसे का बना, पत्थर चौकोर क्रम
क्रम से लगे हुए,
ऊँची-ऊँची रेलिंग और बड़े-बड़े दरवाज़े
दुहरे; एक, शीशे का; भवन विशालकाय;
मन्द पवन बहता हुआ;
रातरानी की सुगन्ध आती हुई भीनी-भीनी।
सन्तरी ने चीफ़ मैनेजर को सलाम किया
और विनय से कहा,
"महाराज का है हुक्म,
आप ही अकेले इस मार्ग से जा सकते हैं;
दूसरों के लिए! जब तक
कोई हुक्म नहीं होगा,
छोड़ नहीं सकता मैं।
दूसरों के लिए मार्ग उधर से है जाने का।"
अब तक वह ब्राह्मण

जो भोज में गरमाये थे,
बाहर आये कहा,
''महाराज उतर आये हैं,
इतना सम्मान परमहंस देवजी के लिए
उनके हृदय में है,
लेकिन अपमानकारी इस स्वामीजी के लिए
जो कि उस आश्रम के
एक कायस्थ हैं,
उचित व्यवस्था वह मन्दिर में करेंगे
दर्शन दिलाते समय।"
एक साधारण कर्मचारी की बात सुनकर
मैनेजर साहब सन्नाटे में आ गये.
कहा, "यह आये हैं
इतना ही बहुत है,
और तुम्हें कौन समझायेगा यह कौन है,
कौन हैं विवेकानन्द।"
संवाददाता ने कहा,
"महाराज का कहना जैसा था, मैंने किया,
आप जैसा कहेंगे,
चलकर उनसे कहूँगा;
फिर उत्तर ला दूँगा।
खड़े रहिए ज़रा देर,
क्योंकि वह खड़े है।"
कहकर चले गये,
कुछ देर बाद आये,
कहा, ''महाराज की
आज्ञा नहीं ली गयी;
आपको मालूम है,
सिंहद्वार में इधर

कोई अजनबी कभी
पैर नहीं रख सकता;
आप यहाँ आ गये,
फिर भी ख़ामोश हैं
राजा के सिपाही लोग।"
इससे बड़ा अपमान
दूसरा नहीं होता।
जैसे शिव गरल को
पीकर, स्वामीजी बोले
"देव-दर्शन के लिए
हुक्म लिया जाता है!
हमें नहीं ज्ञात था।"
ब्रह्मदेव ने कहा,
"देवता राजा के हैं, नहीं किसी प्रजा के।"
तमतमा उठे स्वामी,
किन्तु धैर्य से रहे, पूरी बात सुनने को।
ब्राह्मणजी कहते गये,
"चीफ़ मैनेजर साहब,
राजा यहाँ वही हैं
जिनके दर्शन के लिए जा रहे हैं आप लोग;
यह तो बतलायें, अपमान किसका किया था?"
मैनेजर स्वामीजी को बात समझाने लगे-
"कृष्णजी ही राज्य के राजा कहे जाते हैं
मुहर में उन्हीं की छाप चलती है यहाँ,
उत्तराधिकारी ये लोग कहे जाते हैं।"
स्वामीजी मुस्कराये,
सीधे स्वर से कहा,
"क्या वह भी ब्राह्मण थे,
जिसका इन्हें गर्व था।"

झेंप गये ब्रह्मदेव
कहा, "महाराज ने और यह कहा-
नंगेपन के उत्तर में अपने गुरुदेव को
नंगे बाबाजी को हम पेश यहाँ करते हैं।"
स्वामीजी ने कहा,
परमहंसदेव भी नंगे हो जाते थे।
गुरु सब एक हैं,
साधु अपमान नहीं करता, सह लेता है।"
चीफ़ मैनेजर को गहरा धक्का लगा।
ब्रह्मदेव कहने लगे-
''आप हैं सर्वश्रेष्ठ राजकर्मचारी, तभी
हल्की-हल्की सजा का विधान किया गया है
आप हों या स्वामीजी, एक ही महज्जन
इस मार्ग से जायेंगे, अन्य जन घूमकर।
पश्चिमीय के लिए सदा का निषेध रहा
मन्दिर-प्रवेश में।"
काँप उठे स्वामीजी,
"इसलिए नहीं आये"
कहा, "कभी दर्शन भी
किये नहीं जैसे, हम
साधु हैं।" शरीर से
ज्वाला-सी निकली, ज्यों
ग्रास ही कर जाने को,
ब्रह्मदेव तड़ित से स्तम्भित-से हो गये
देखा, श्रीकृष्णजी स्वामीजी में आ गये
ब्राह्मण को अपने नेत्रों पर हुआ अविश्वास।
रगड़कर फिर से देखा, कृष्णजी की नीलकान्ति
ज्योतिर्मयी घनीभूत स्वामीजी की देह में।
आनन्द के परमाणुओं का फव्वारा छुटा।

जितने जन थे जैसे उमड़े आनन्द हो।
देखा ब्रह्मदेव ने, ज्योति की-सी रेखा से
स्वामीजी के साथ पश्चिमीय का शरीर बँधा
पागल-सा हुआ वह भागा यह कहता हुआ।
"वाह वाह, ऐसा अच्छा आज तक नहीं देखा।"
कहता दौड़ता हुआ राजा के समीप गया
सुनते ही महाराज अभिभूत हो गये।
फिर भेजा ब्राह्मण को
सादर ले चलने के लिए कृष्ण-मन्दिर में
उसी राह स्वामी को।
स्वामीजी ने कहा,
'साधारण के ही हैं हम
घूमकर जायेंगे,
हमें यही ख़ुशी है।"
अस्तु घूमकर गये।
दोनों ओर नौबतखाने।
चत्वर संगमारवर का।
दोनों ओर दिव्य मन्दिर।
सामने विशालकाय मन्दिर में कृष्णजी
स्वर्ण-भूषणों से सजे।
देखकर द्वारकाधीश कृष्ण याद आ गये।
पश्चिमीय जन वह मन्दिर के बाहर रहा
स्वामीजी ने चलते समय कहा कि "मैं वही हूँ
बाहर खड़ा है जो।"
लौटें जब स्वामीजी
साथ युवक हो गया मन्त्र-मुग्ध प्रेम से।
वासना से मुँह फेरा, सदा को चला गया।

❐

बादल राग

(1)

झूम-झूम मृदु गरज-गरज घन घोर!
राग-अमर! अंबर में भर निज रोर!

झर झर झर निर्झर-गिरि-सर में,
घर, मरु, तरु-मर्मर, सागर में,
सरित-तड़ित-गति-चकित पवन में
मन में, विजय-गहन-कानन में,
आनन-आनन में, रव-घोर-कठोर-
राग-अमर! अंबर में भर निज रोर!

अरे वर्ष के हर्ष!
बरस तू, बरस-बरस रसधार!
पार ले चल तू मुझको,
बहा, दिखा मुझको भी निज
गर्जन-भैरव-संसार!
उथल-पुथल कर हृदय
मचा हलचल-
चल रे चल,-
मेरे पागल बादल!
धँसता दलदल,
हँसता है नद खल्-खल्

बहता, कहता कुलकुल कलकल कलकल।
देख-देख नाचता हृदय
बहने को महाविकल-बेकल,
इस मरोर से-इसी शोर से-
सघन घोर गुरु गहन रोर से
मुझे-गगन का दिखा सघन वह छोर!
राग-अमर! अंबर में भर निज रोर!

(2)

ऐ निर्बंध!
अंध-तम-अगम-अनर्गल-बादल!
ऐ स्वच्छंद!
मंद-चंचल-समीर-रथ पर उच्छृंखल!
ऐ उद्दाम!
अपार कामनाओं के प्राण!
बाधारहित विराट!
ऐ विप्लव के प्लावन!
सावन-घोर गगन के
ऐ सम्राट!
ऐ अटूट पर छूट टूट पड़नेवाले-उन्माद!
विश्व-विभव को लूट-लूट लड़ने वाले-अपवाद!
श्री बिखेर, मुख-फेर कली के निष्ठुर पीड़न!
छिन्न-भिन्न कर पत्र-पुष्प-पादप-वन-उपवन,
वज्र-घोष से ऐ प्रचंड!
आतंक जमाने वाले!
कंपित जंगम,-नीड़-विहंगम,
ऐ न व्यथा पाने वाले!
भय के मायामय आँगन पर
गरजो विप्लव के नव जलधर!

(3)

सिंधु के अश्रु!
धरा के खिन्न दिवस के दाह!

विदाई के अनिमेष नयन!
मौन उर में चिह्नित कर चाह
छोड़ अपना परिचित संसार-
सुरभि का कारागार,
चले जाते हो सेवा-पथ पर,
तरु के सुमन!
सफल करके
मरीचिमाली का चारु चयन।
स्वर्ग के अभिलाषी हे वीर,
सव्यसाची-से तुम अध्ययन-अधीर
अपना मुक्त विहार,
छाया में दुख के अंतःपुर का उद्घाटित द्वार
छोड़ बंधुओं के उत्सुक नयनों का सच्चा प्यार,
जाते हो तुम अपने पथ पर,
स्मृति के गृह में रखकर
अपनी सुधि के सज्जित तार।
पूर्ण-मनोरथ! आये-
तुम आये;
रथ का घर्घर-नाद
तुम्हारे आने का संवाद।
ऐ त्रिलोक-जित्! इंद्र-धनुर्धर!
सुरबालाओं के सुख-स्वागत!
विजय! विश्व में नवजीवन भर,
उतरो अपने रथ से भारत!
उस अरण्य में बैठी प्रिया अधीर,
कितने पूजित दिन अब तक हैं व्यर्थ,
मौन कुटीर।
आज भेंट होगी-
हाँ, होगी निस्संदेह,
आज सदा-सुख-छाया होगा कानन-गेह
आज अनिश्चित पूरा होगा श्रमित प्रवास,
आज मिटेगी व्याकुल श्यामा के अधरों की प्यास।

(4)

उमड़ सृष्टि के अंतहीन अंबर से,
घर से क्रीड़ारत बालक-से,
ऐ अनंत के चंचल शिशु सुकुमार!
स्तब्ध गगन को करते हो तुम पार।
अंधकार-घन अंधकार ही
क्रीड़ा का आगार।
चौंक चमक छिप जाती विद्युत
तडिद्दाम अभिराम,
तुम्हारे कुंजित केशों में
अधीर विक्षुब्ध ताल पर
एक इमन का-सा अति मुग्ध विराम।
वर्ण रश्मियों-से कितने ही
छा जाते हैं मुख पर-
जग के अंतस्थल से उमड़
नयन-पलकों पर छाए सुख पर;
रंग अपार
किरण-तूलिकाओं से अंकित
इंद्रधनुष के सप्तक, तार;
व्योम और जगती के राग उदार
मध्यदेश में, गुडाकेश!
गाते हो वारंवार।
मुक्त! तुम्हारे मुक्त कंठ में।
स्वरारोह, अवरोह, विघात,
मधुर मंद्र, उठ पुनः पुनः ध्वनि
छा लेती है गगन, श्याम कानन,
सुरभित उद्यान,
झर-झर-रव भूधर का मधुर प्रपात।
वधिर विश्व के कानों में
भरते हो अपना राग,
मुक्त शिशु! पुनः पुनः एक ही राग-अनुराग।

(5)

निरंजन बने नयन-अंजन!
कभी चपल गति, अस्थिर मति,
जल-कलकल तरल प्रवाह,
वह उत्थान-पतन-हत अविरत
संसृति-गत उत्साह,
कभी दुःख-दाह
कभी जलनिधि-जल विपुल अथाह,-
कभी क्रीड़ारत सात प्रभंजन-
बने नयन-अंजन!
कभी किरण-कर पकड़-पकड़कर
चढ़ते हो तुम मुक्त गगन पर,
झलमल ज्योति अयुत-कर-किंकर,
शीश झुकाते तुम्हें तिमिरहर-
अहे कार्य से गत कारण पर!
निराकार, हैं तीनों मिले भुवन-
बने नयन-अंजन!
आज श्याम-घन श्याम, श्याम छवि,
मुक्त-कंठ है तुम्हें देख कवि,
अहो कुसुम-कोमल कठोर-पवि!
शत-सहस्र-नक्षत्र-चंद्र रवि संस्तुत
नयन-मनोरंजन!
बने नयन-अंजन!

(6)

तिरती है समीर-सागर पर
अस्थिर सुख पर दुःख की छाया-
जग के दग्ध हृदय पर
निर्दय विप्लव की प्लावित माया-
यह तेरी रण-तरी
भरी आकांक्षाओं से,

घन, भेरी-गर्जन से सजग सुप्त अंकुर
उर में पृथ्वी के, आशाओं से
नवजीवन की, ऊँचा कर सिर,
ताक रहे हैं, ऐ विप्लव के बादल!
फिर-फिर
बार-बार गर्जन
वर्षण है मूसलधार,
हृदय थाम लेता संसार,
सुन-सुन घोर वज्र-हुंकार।
अशनि-पात से शायित उन्नत शत-शत वीर,
क्षत-विक्षत हत अचल-शरीर,
गगन-स्पर्शी स्पर्धा-धीर।
हँसते हैं छोटे पौधे लघुभार-
शस्य अपार,
हिल-हिल,
खिल-खिल
हाथ हिलाते,
तुझे बुलाते,
विप्लव-रव से छोटे ही हैं शोभा पाते।
अट्टालिका नहीं है रे
आतंक-भवन,
सदा पंक पर ही होता
जल-विप्लव-प्लावन,
क्षुद्र प्रफुल्ल जलज से
सदा छलकता नीर,
रोग-शोक में भी हँसता है
शैशव का सुकुमार शरीर।
रुद्ध कोष, है क्षुब्ध तोष
अंगना-अंग से लिपटे भी
आतंक-अंक पर काँप रहे हैं
धनी, वज्र-गर्जन से बादल!

त्रस्त नयन-मुख ढाँप रहे हैं।
जीर्ण बाहु, है शीर्ण शरीर,
तुझे बुलाता कृषक अधीर,
ऐ विप्लव के वीर!
चूस लिया है उसका सार,
हाड़-मात्र ही है आधार,
ऐ जीवन के पारावार!

❐